湛庐CHEERS

与最聪明的人共同进化

HERE COMES EVERYBODY

全脑教养法实战指南

[美] 丹尼尔·西格尔 Daniel J. Siegel
[美] 蒂娜·佩恩·布赖森 Tina Payne Bryson 著

刑子凯 译

THE WHOLE-BRAIN CHILD WORKBOOK

浙江科学技术出版社

测一测

你会轻松构建全脑思维吗？

扫码加入书架
领取阅读激励

扫码获取完整题目及答案，
一起了解孩子完整的
心理拼图

- 大脑就像肌肉，越练越发达，这是对的吗？(　　)

  A. 对

  B. 错

- 在我们意识到自己有压力前，我们的身体就已经发出了信号。这是真的吗？(　　)

  A. 真

  B. 假

- 因为感觉不会持续太久，所以父母可以忽略孩子的情感，这是对的吗？(　　)

  A. 对

  B. 错

扫描左侧二维码查看本书更多测试题

Daniel J. Siegel

融合心理学、脑科学与网络科学的先锋

丹尼尔·西格尔

他，创造了一个概念；
他，创立了一个学科；
他，信奉“整合是王道”；
他，以传播科学教养观为己任。

备受谷歌、微软推崇的人际神经生物学创立者

丹尼尔 · 西格尔毕业于哈佛大学医学院，是加州大学洛杉矶分校精神病学临床教授。他历时 25 年，通过对数千个案例的研究，创立了一门新的学科——人际神经生物学（interpersonal neurobiology），这门学科的研究重点是人际关系与大脑的密切关系。

西格尔不仅是一位专业的学者，也是一位多产的作家，更是一位备受赞誉的教育家。他在人际神经生物学领域出版了多本专著，还受邀四处演讲。他的研究成果被美国司法部、微软和谷歌等世界各地的机构及企业所采用。近年来，西格尔也将自己最新的研究理念传播给大众，他的畅销书《第七感》向读者展现了经过整合的大脑的强大力量。他还将“整合”概念引入教养领域，其著作《由内而外的教养》和《全脑教养法》使更多父母认识到“整合的大脑”在教养中的积极作用。

丹尼尔·西格尔（Daniel J.Siegel）对话婚姻专家约翰·戈特曼（John Gottman）和朱莉·戈特曼（Julie Gottman）（从左至右）

“情商之父”给予盛赞的脑科学家

西格尔是正念觉知研究中心（Mindful Awareness Research Center）联席主任，也是第七感[①]研究所（Mindsight Institute）的创始人。第七感研究所是一个教育组织，提供在线教育课程，帮助个人、家庭和组织通过评估人际关系来提升第七感。

第七感是发展情商的最基本技巧，分为洞察（insight）、共情（empathy）、整合（integration）三个部分。第七感能让我们体会到和分享自己内在的心理能量及信息流动，也有助于我们感知自己的思想、情绪和记忆，并帮助我们产生强大的心理力量来改变这种流动，从而摆脱根深蒂固的行为以及习惯性的反应，远离可能会导致自己陷入其中的消极情绪循环。形成第七感的过程就叫整合。

西格尔独创的里程碑式概念“第七感”备受“情商之父”丹尼尔·戈尔曼（Daniel Goleman）推崇。戈尔曼不但将第七感理论誉为“情商与社交商的基础”，还赋予了它更高的地位：“第七感堪与弗洛伊德的潜意识理论、达尔文的进化论齐名。在身、心与大脑整合方面，西格尔成果卓著，无人能出其右。”

① “第七感”是丹尼尔·西格尔自创的概念，它是指对自己和他人心智的感知和理解。——编者注

帮助父母实现圆满自我的“全脑教养专家”

家庭教育是西格尔的理论得以完美应用的一个重要领域。西格尔认为，想做好父母，必须先认识自己，认识到自己生命和生活的意义，深入了解自己的经历；尤其是童年时与养育者之间的互动，才能与孩子建立安全的依恋关系。这就是“由内而外的教养”，这个观点也贯穿于他所写的每一本与教养有关的书中。

西格尔基于对大脑结构及其运作机制的研究，提出了实用性极强的“全脑教养法”——针对各年龄段孩子提出全脑教养实践指南，以帮助父母破解种种育儿难题。他将第七感所涉及的整合理念运用到了解和帮助青少年成长的教育实践中，这非常值得家有青少年的父母借鉴和学习。

“父母就是塑造孩子大脑的雕塑师，
你对孩子的所有陪伴
无时无刻不在改变着他的大脑。”

TINA PAYNE BRYSON

蒂娜 · 佩恩 · 布赖森

- 南加利福尼亚大学博士
- 第七感研究所主任
- 儿童与青少年心理治疗师
- 执业临床社会工作者

蒂娜·佩恩·布赖森毕业于南加利福尼亚大学，是儿童与青少年心理治疗师、执业临床社会工作者，致力于儿童教育及发展事业。她为来自世界各地的家长、教育工作者、治疗师开展讲座和指导活动，拥有丰富的儿童心理治疗及家长咨询经验。

布赖森博士非常擅长将她在育儿理论方面的专业知识与实际的养育场景联系起来，然后以清晰、幽默且有效的方式展现给广大父母。

正如她所说：“对于父母、临床医生和教育工作者来说，了解一些关于大脑工作方式的知识有着神奇的作用。它不仅能帮助你引导孩子遵守纪律、正确应对困难，更能让你与孩子建立健康、和谐的关系。”

西格尔全脑教养系列

中文版序

整合的大脑，幸福的人生

现代社会中，养育孩子既会让人兴奋，也会让人深受挑战。无论在哪种文化背景下，孩子的成长过程都会受到父母、同龄人、老师以及他们所处环境的影响。我们做了大量研究后发现，孩子成长中的任何经历都会塑造他的大脑。所以，无论你是家长、其他抚养者，还是与孩子成长息息相关的老师、教练，都处在一个至关重要的位置上，都对孩子的发展负有重大责任。值得高兴的是，我们已从大量的科学研究中准确掌握了如何正确引导孩子成长的方法。

大脑是可塑的

成年人与孩子交流的方式在很大程度上决定了孩

子会成长为什么样的人。这背后的原理是，人与人之间建立关系的过程就是一个能量传递的过程。我们可以简单地称之为沟通。当我们沟通时，我们关注的是对话，关注的是如何赋予对话信息和意义。

大脑有一个简单的运行原理，每个人都有，了解它会让你从中获益，那就是：

注意力在哪儿，神经元就在哪儿放电，神经联结就在哪儿生长。

注意力的流动引导着能量和信息的流动。从人际关系角度来看，这涉及我们如何相互沟通。在亲子关系中，我们将健康的沟通模式称为安全依恋。当特定沟通模式开启时，大脑相应的区域被激活——又叫神经元放电。当神经元反复放电时，新的神经元联结也就随之建立，而且是以一种科学的方式建立，这就是神经可塑性。

简单地说，成年人就是孩子大脑的雕塑师，在建立并完善亲子关系的同时，我们也在塑造孩子大脑的结构和功能。

全脑教养法建立在这些基本概念之上，我们还对它进行了具体的扩展。例如，如何通过父母与孩子的互动方式，让孩子的大脑得到最优发展？怎样才算最优发展？在我们回顾了数千项跨文化、跨学科的研究成果之后，发现了一个虽出人意料但却频繁出现的答案——大脑整合。一个整合的大脑能给人带来健康与幸福。

整合意味着让不同的部分协同工作。大脑分为不同的区域，如左脑和右脑，上层脑和下层脑，它们之间相互连接。当它们连接在一起时，各区域都能各司其职。但当把它们整合起来时，就不仅仅是功能的叠加，而是协同作用的产生，实现了整体功能大于各部分功能总和。协同作用发生时，我们会体会到和谐，就像在大合唱时，每个人都在以一种流畅又有活力的方式歌唱。

我们所说的健康的、有韧性的人就是拥有灵活性和适应性的人。幸福健康的人生与大脑的整合有关。

全脑教养五维整合

如何帮助孩子创造整合的大脑？在《全脑教养法》中，我和我的同事蒂娜·佩恩·布赖森博士提出了一个简单而有效的策略——在生活中帮助孩子整合大脑，我们称之为全脑教养法。它会帮助你了解什么样的互动方式最有可能让大脑以一种整合的方式生长。由此，我们设计了全脑教养12 法，旨在帮助你促进孩子健康和幸福。

全脑教养法包括五个维度的整合。

第一个维度是整合左右脑。右脑是情绪的直接来源，负责非语言交流，包括面部表情和眼神交流，说话的语气，身体姿势和手势，以及回应的时间点和强度。右脑还是我们自传式记忆的储存地。相比之下，左脑的思维方式则是逻辑化的、线性的、语言的。两者都很重要，也非常不同。

第二个维度是整合上下脑。从进化角度看，上层脑相对高级，下层脑相对原始。当我们遇到危险时下层脑的应激反应会被触发，我们会变得封闭，不愿意沟通与合作。学会如何与处在防御式状态中的孩子建立联结，对父母来说非常重要。有时仅仅需要父母对所发生在孩子身上的事情感同身受，然后再进行引导。

第三个维度是整合记忆。了解记忆的不同运作方式也是必不可少的。这能让我们明确如何更好地与孩子沟通、更理解他们，还能帮助孩子了解每种经历都是有意义的。学会运用洞察力对经历进行反思，实际上是在发展理解他人、与他人建立联结的能力。这种能力是发展社交能力和培养情商的基础。

第四个维度是整合自我。一个人在特定情况下的心理状态是由过往的记忆和当下情绪的综合作用形成的。正是因为存在不同的心理状态，我们才会拥有独特的个性。作为养育者，我们应该关注并尊重孩子的心态，然后通过特定的沟通模式教会他们理解自己的内心状态。已经有研究显示，这种深刻的自我理解能力可以强大人的心灵、促进坚韧性的发展。

第五个维度是整合自我与他人。这涉及如何建立有益的人际关系，即一个人如何在与他人联结的同时保持独特的自我。这是将“我”与“我们”联结的过程。安全型依恋是人际关系中一种健康和稳定的情感依恋模式。它揭示了一个简单而深刻的发现：当我们尊重孩子的差异，意识到孩子不能总是满足我们的期望和情感需求，让孩子保持自己的个性时，我们就可以和孩子成为一个整体，孩子也不会失去他们的独特个性，这就是整合的关系。你可以学会如何实现这一点。当你这样做以后，你将促进孩子的大脑朝着整合的方向成长。

让我们以一种简单而直接的方式再说一遍：

幸福健康的人生源自整合的大脑，而整合的大脑源自整合的关系。这就是全脑教养法的全部要义。

丹尼尔・西格尔

美国第七感研究所

前 言

丹尼尔和蒂娜给读者的话

当你决定打开本书时，我们想对你这个决定表示深深的钦佩。我们都是父母，我们知道有时候仅仅想要顺利地度过一天是多么困难，更不用说读一本关于为人父母的书了。现在，你不仅决定要读一本关于养育的书，而且还要开始研究一本关于该书的指南！我们非常尊重你为养育孩子和守护家人健康所做出的努力，也尊重你。

我们为你编写了这本指南：你也许很忙碌，可能不堪重负，但仍尽心尽责，想更深层次地理解与孩子沟通这件事。你也许独自一人读这本书，也可能与伙伴一起读。甚至你可能还不是一个家长，但却想更好地理解你关心的孩子，并与他们建立良好关系。也许你是一名家庭教育从业者，正在使用这本书来引导一个团队对“全脑教养法”进行更深入的了解和应用。无论你的情况如何，这本指南都为你而写。

在书中的空白部分，我们希望你能写下自己的想法。一般我们只要求写几行，如果你愿意，可以多写一些。把想法写下来是一种被证明可以加深和拓宽人们思考、理解事情深度及广度的方法，同时对理解自己一直在做的事情并思考如何把它做得更好也有助益。我们设计了各种各样的活动，你可以自己做或者和孩子一起做。本书在编写时，每一章都建立在前一章的基础上，但是如果你想跳过某一章也完全可以。

换句话说，书中没有绝对的规则。它不是一种摆在眼前的、需要你履行的额外义务，也不是为了让你因为没有按时完成或做得不够好而感到内疚。这本指南只是为你在养育孩子的过程中提供更多的帮助和支持，让你对孩子有更深刻的了解和联结，也让你对作为父母的自己有更全面的了解。

谢谢你让我们成为你成长旅程中的一站。

丹尼尔和蒂娜

目 录

大脑的工作方式并不会一成不变，我们可以开拓新的大脑回路，可以更加幸福快乐。不仅仅对儿童和青少年来说，对正在跨越生命不同阶段的每个人来说，这都是真实可信的。

——《全脑教养法》

只使用左脑或者右脑就像只用一只胳膊游泳，尽管一只胳膊也可以游泳，但是两只胳膊一起用，不是更能直达目标、更加容易成功吗？

——《全脑教养法》

3 教会孩子自我控制

父母的目标应该是帮助建立并加固联结上下两部分大脑的虚拟阶梯，从而让这两部分大脑像一个整体一样运作。

——《全脑教养法》

4 给孩子创建完整的心理拼图

有时候父母会希望孩子简单地将经历过的痛苦经验“忘掉”，但孩子真正需要的，是父母教会他们以健康的方式整合内隐记忆和外显记忆，将痛苦的体验转化为力量与自我理解的源泉。

——《全脑教养法》

5 让孩子更具有专注力

通过转移注意力，我们可以不再受内在和外在因素的影响，转而成为主导这些因素的人。当我们意识到内在和外在的种种因素正在影响我们变化多端的情绪及力量时，我们就能了解它们，甚至将其作为自身的一部分去拥抱它们，同时不再允许它们指挥和定义我们。

——《全脑教养法》

6 培养孩子的人际技巧

帮助孩子在成为“我们”的一分子的同时，不与内在独立的“我”失去联系，对所有的父母来说都是一个高难度的任务，但也是所有父母期待孩子能做到的。但是，在与他人联结的同时保持独特的自我认知，正是幸福和成就的源泉。这也是第七感的精髓所在。你也许还记得，第七感能让你看清自己的心灵，也看清别人的心灵。这意味着在保持健康的自我概念的同时，发展完善的人际关系。

——《全脑教养法》

如果能考虑到全脑教养法的代际影响，你就更加了不起了。你是否意识到，现在的你有能力对未来产生积极的影响？通过赋予孩子运用“全脑”的能力，你影响的不只是孩子的生活，还包括那些与他们互动的人的生活。

——《全脑教养法》

The Whole-Brain Child Workbook

1

全方位了解儿童思维的发展方式

帮孩子整合大脑

大脑的工作方式并不会一成不变，我们可以开拓新的大脑回路，可以更加幸福快乐。不仅仅对儿童和青少年来说，对正在跨越生命不同阶段的每个人来说，这都是真实可信的。

——《全脑教养法》

在《全脑教养法》的引言中，我们讨论了几乎所有父母都认同的两类目标。第一类目标，也是最直接的目标，就是希望成为合格的父母，能顺利度过与孩子相处的一天中遭遇的无数挑战时刻。有时候我们觉得父母的全部希望就是“生存”下去。

当然，生存不是全部目的，我们也希望孩子茁壮成长。我们希望能传授孩子各种经验，帮助他们成为更好的人，懂得爱与信任，懂得负责任，面对困难时有韧性，过有意义的生活。我们想帮助他们拥有无限发展的能力。

在开始阅读本书之前，想想这些目标。静下心来，阅读以下问题。当你有了自己的思考，请把答案写在横线上，尽可能做到诚实简单。你可以把这本书当成只属于自己的私人日记。

一天中，你有多少次仅仅是在应对孩子带给你的难题？比如，孩子之间发生冲突、行为不端、写作业像打仗、沉迷电子产品、对别人不尊重、早上出门前总是手忙脚乱等。圈出你的答案：

1～2次/天　　3～5次/天　　5次以上/天

想想“这些特定的生存时刻”。对于这些困难，父母通常见招拆招，只注重短期效果。那么，你的“生存”技巧有哪些？你会对孩子大喊大叫吗？把他们分开吗？如果孩子的行为有所好转，你会给他提供某种奖品或机会吗？你会威胁他们吗？有没有告诉孩子这些行为的后果？请列出你常用的“生存”技巧：

现在转移你的注意力，想想：在孩子的成长道路上，你的目标是什么？无论是现在，还是孩子到了青春期或成年以后，你希望他成为什么样的人？你可能希望他们拥有良好的人际关系，过上有意义、有目标的充实生活，也可能希望他们快乐、独立并获得成功。请写下你期望的孩子的“成长目标”。当你想到他们将成为什么样的人的时候，哪些方面对你最重要？

“全脑教养法”的目标之一是帮助父母认识到，那些让你奋力挣扎的“生存时刻”正是帮助孩子获得发展能力的好机会。那些“生存时刻”其实也是孩子的“成长时刻”，我们可以利用这些机会，让孩子从中学到宝贵经验。

正如我们在《全脑教养法》引言中所解释的，这种将“生存式教育”与“发展式教育”相结合的可贵之处在于，你不需要专门花时间帮助孩子茁壮成长，你可以利用一切亲子共享的互动时刻，无论是紧张、愤怒的时刻，还是不可思议的、温暖的时刻，让孩子变成你期望中的有责任感、关心他人、有能力的人，帮助他们找到真正的自我，更自在地生活在这个世界上，充满韧性和力量。这就是这本书的内容：利用你每天和孩子共度的时光，帮助他们发现自己真正的潜力。

现在花 1 分钟时间，想想过去几天里你和孩子之间有没有发生不愉快的时刻。回想一下当时的情形。想想自己，想想孩子。然后写下来。先描述你在当时情况下的行动和反应。只需解释你做了什么，不评判。想象你就是一台摄像机，如实记录当时的状况。例如，你可能会写道：“当时他打妹妹，我很生气。我没有对他叫喊，但我严厉地斥责了他，让他明白自己已经年纪不小了，不应该做出这样的事。我羞辱了他。然后我……”写下你的经历：

____

____

____

____

现在将“生存式教育”与“发展式教育”相结合应用于上述情况。当你审视自己的反应时，想想：你在多大程度上只是想摆脱当时的情境？你的行为在多大程度上能帮助孩子成长，学到重要的经验教训，让孩子将来能够从中受益？记住，这两个目标都很重要。想摆脱当时的情境没有错。这里的问题是：你有多重视培养孩子的长期技能，帮助孩子从经验中学习？写下你的回答：

可以说所有的父母都面临着只想生存的情境。养育孩子极为艰难，有时我们能做的最好的应对方式就是撑过当时那一刻。但是，如果我们不是只想摆脱当时的情境，而是抓住这个机会教会孩子爱、尊重、同情、宽恕，以及我们想传授给他们的其他东西，这些情境将会更有价值。

你也许知道我们对“整合”这个概念很重视。人的大脑由不同的部分组成，而且每个部分功能不同，所以我们需要将所有的部分作为一个整体来运行，这样才能发挥大脑的最大潜能。

作为父母，我们试图帮助孩子全面发展，让他们有能力统一协调地使用整个大脑。当孩子大脑的所有区域一起工作时，他们会感受到整合对成长的意义。例如，你会注意到，在孩子培养自己的整合能力的时刻，他能以更好的方式对待困难，冷静地应对生活中的失望，因为他已经有耐心和洞察力去克服挫折。

在大脑处于整合的时刻，孩子既不混乱，也不刻板，他徜徉在幸福之河中（见图 1-1）。

图 1-1　幸福之河

这本指南的其余部分将具体帮助你如何将“生存时刻”转变成“成长时刻”，最主要的是帮助你提升徜徉在幸福之河中的能力。然后我们会讨论如何为孩子做同样的事情。在使用本书的过程中，你有很多机会更深入地理解“全脑教养法”的概念，并运用这些概念来帮助孩子、你自己和你的整个家庭挺过那些“生存时刻”，共同成长。

如何使用此指南

我们设想你会单独使用这本指南，自己阅读和填写相关内容。同时我们也考虑到了团体使用的情况。临床医生和教育工作者可以组织一些小组一起研究“全脑教养法”的概念，然后分享他们各自的发现。就算你不是专业人士，但当你想探讨我们提出的概念时，也可以随意召集朋友和其他父母一起讨论你们的心得。与他人分享和思考这些概念会加深你对它们的理解，帮助你运用这些概念，在你与孩子之间建立更有意义的关系。

书中有许多活动和练习，你可以和孩子像做游戏一样一起享受它们。这样做，你可以教会孩子理解自己的大脑，帮助他们理解关于整合的基本概念（即使你从未使用过这个词），从而让他们在进入青春期、成年期之后，成为更好的人，享受更健康的人际关系。此外，书中的练习还会加固你与孩子之间的纽带，教给他们重要的技能，这些技能不仅能帮助你度过一天中难熬的“生存时刻”，还能帮助孩子成长，让他们变得更快乐、更健康、更自足。

The Whole-Brain Child Workbook

2

改善孩子的情绪

整合左右脑

只使用左脑或者右脑就像只用一只胳膊游泳，尽管一只胳膊也可以游泳，但是两只胳膊一起用，不是更能直达目标、更加容易成功吗？

——《全脑教养法》

当孩子不开心时，你通常会怎么回应他们？一些父母会用左脑做出反应，他们只关注发生了什么事以及怎么办。下面这些话听起来熟悉吗？

别担心。没什么好害怕的。它只是坏了。

没什么大不了的。修好它。

你哭什么呢？失败是游戏的一部分。

作业是你的任务，把它做完。如果集中注意力，你早就完成了。

给孩子一个有逻辑的回应，本质上没有错——但是孩子不开心的时候，这种回应徒劳无益。当一个孩子右脑正崩溃的时候，左脑的逻辑几乎永远不会有效。就你自己的孩子而言，这是真的吗？

在这种情况下，另一些父母可能会从右脑做出反应。好的一面是这为父母与孩子提供了情感联结的机会。然而，危险在于，如果我们自己完全从情绪的角度做出反应，可能让孩子心绪更加混乱，并且无法让他安全地体验自己情绪所需的那种协调反应。

左脑与右脑的区别如表 2-1 所示。

表 2-1　左脑与右脑的区别

左脑	右脑
逻辑化的	能够感知身体的情绪信息
线性的	非线性的
语言的	非语言的
只理解表面	能结合局部理解整体

正如我们在《全脑教养法》中所解释的，调节孩子情绪的关键是协调左右脑，让它们像一个团队一样一起工作。我们不想仅仅运用左脑工作，这会导致情感沙漠；或者仅仅运用右脑工作，这会带来情感海啸。长期来看，两者独立行事绝无益处。但是当大脑两侧协作运行，我们从全脑的角度来对待孩子时，就能更充分地满足孩子的需求，帮助他们回到幸福之河。

为了帮助你理解右脑工作模式和左脑模式有什么区别，请尝试下面这个小练习。花一点儿时间，回忆一下你的孩子出生时的经历，或者你生命中的其他重要时刻。

现在就开始吧。闭上眼睛，保持安静，唤回当时的记忆。回到过去，在记忆中停留一会儿。然后睁开眼睛继续回忆。

如果你没有太多情感波动或身体感觉，只是按照发生的时间顺序回忆这次经历，那你此时处于左脑模式。在这种情况下，你的故事可能是这样的：

> 嗯，首先我开始宫缩，然后我们打电话给医生，去了医院。护士对我实施硬膜外麻醉。下午 2 点医生来了，75 分钟后我们的儿子出生了。我父母走进房间，然后……

当你闭上眼睛的时候，你就是这样回想这件事的吗？可能不会。事实上，很少有人这样回忆如此有意义的重大事件。

一般情况下，人们更多地以右脑模式记忆重要的经历（见图 2-1）。在右脑模式中，来自一段记忆的各种图像有时会以非线性、几乎随机的方式出现，当回忆被唤醒时，甚至可能伴随着身体感觉和情绪。这听起来是不是更接近你回忆自己经历的方式？

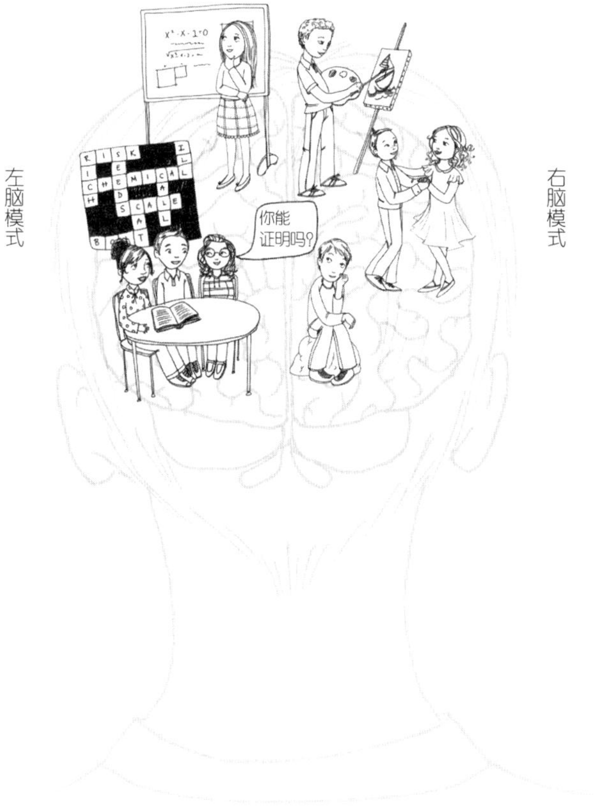

图 2-1　左脑模式和右脑模式

很大程度上，这种感觉有点儿类似于从梦中醒来：整个回忆没有逻辑，事情没有意义，但是你可能仍然会情绪激动，感到身体沉重、悲伤、得意，甚至愤怒，这些感受几乎跟当时事件发生时的一样。这种记忆方式更偏向于右脑处理记忆的方式。

但是要真正理解生活，你不能只使用左脑或右脑模式，你需要同时使用它们。左脑给你的经历提供语言和秩序，右脑给你的经历提供情感和背景。换句话说，你需要尽可能地把这两种记忆处理模式整合起来。

孩子也是一样的，尤其是在他们心烦意乱、无法控制自己的情绪和行为的时候。

孩子的“难过信号”是什么

现在请你花 1 分钟描述一下：孩子经历巨大情感波动时是什么样的？他有什么举动？他哭了，尖叫，还是扔东西？我们给出了孩子最常见的表现，选出最适合你的孩子的答案。如果孩子有自己独特的情绪发泄方式，你也可以添加上去！如果你有不止一个孩子，可以把每个孩子的方式分别写在不同的纸上，这样就更容易把注意力集中在每个孩子身上。

- 尖叫。
- 大哭。
- 扔东西。
- 打人。
- 说发泄性的话
- 打自己。
- 怒火中烧。
- 打别人。
- 拒绝交流。
- “砰”地关门。
- 面红耳赤。
- 握紧拳头。
- 跺脚。
- 瞪眼。
- 语无伦次

（“我恨你！”或者“你太讨厌了”）。
- 发牢骚。
- 生闷气。
- 讽刺别人。

（呻吟、咕哝……）。
- 身体不适（肚子痛、头痛……）。

想想孩子通常如何表达最强烈的情感，多写一些细节，这些细节可能有助于你描绘出他在这些事件中的全貌。

想快点儿平息孩子的怒火和制止其他看起来不理智、过分夸张的行为，这可以理解。然而，请再看看上面的列表，你有没有意识到孩子这些令人难以忍受的行为其实是一种简单的信号？这表示他已经没法控制自己的行为，他的大脑很“不协调”，甚至已经开始“崩溃”。

他是在向你传递信息，让你知道他的大脑处于不太协调的状态，并且他需要你的帮助，你要帮他掌握应对这些艰难时刻的技能。因此，把孩子这些行为写下来是有意义的。

当你接收到孩子的信号后，让我们来思考一下：你该如何做才能引导他的大脑重新协调起来呢？

孩子不开心时，你会怎么反应

当你和孩子发生激烈冲突时，你是如何应对的？当你看到孩子的那些激烈反应时，你的反应又是什么？你会有逻辑地回答，解释原因吗？你会思考孩子为什么与平时不一样吗？你也情绪化地对待孩子的情绪不稳定，从而加剧了局势的混乱吗？或者你会协调地运用大脑，采用左脑和右脑结合的方法应对吗？还是仅仅像大多数父母一样，看情况而定？

很可能你会根据具体情况做出不同的反应，但总的来说，你通常会怎么反应？当孩子不能控制自己情绪时，请在图 2-2 中圈出最符合你正常反应的数字。

0　1　2　3　4　5　6　7　8　9　10

左脑情感沙漠　　　　协调　　　　右脑情感海啸

图 2-2　情感程度

现在，在下面的空白处，再深入地想想你刚才的回答。例如：是什么触发了你的反应？当孩子情绪爆发时，你有什么身体反应？情感海啸发生时你在想什么？情绪巨浪过后你感觉如何？你的回应是左脑式还是右脑式？这里的答案没有正确或错误之分。这只是一个机会，让你厘清自己在当时的感受。

所以，只要花 1 分钟放松一下，想象一下对你有帮助的情况，然后写下来。

本章的主要目的之一，是让你弄清楚当孩子情感失控时，你的典型反应是什么，并帮助你思考自己对这类反应的感受。当你有意识地思考自己的处理方法时，才有可能在必要的时候做出改变。

一旦你确定了自己的典型反应，你不仅有更大可能按照自己的期望塑造孩子的行为，而且也更可能地以孩子需要的方式与他沟通，让他的大脑回到整合的状态。

全脑教养第 1 法 THE WHOLE-BRAIN CHILD WORKBOOK

聆听与关注：认清情绪

许多父母告诉我们，我们的聆听与关注策略非常有效。不仅能够帮助他们顺利度过和孩子相处的困难时刻，而且可以帮助他们的孩子成长为有韧性、善良、有礼貌和快乐的人。

聆听与关注策略包含两个步骤：

第 1 步：同右脑联结

当孩子心烦意乱时，逻辑通常不起作用，除非我们对右脑的情感需求做出反应。我们用非判断的方式与孩子的右脑联结，如承认孩子的感受、身体接触、感同身受的面部表情、关爱的语气等。以这种调和的行为开始，在你开始尝试解决问题之前，你已经让孩子“有被理解的感觉”。

第 2 步：引导至左脑

当你感觉到孩子的大脑开始稳定下来时，就可以用左脑的、有逻辑的方式处理问题。你可以通过提出解决方案引导孩子的左脑，或者，既然他心情平静下来，能控制自己了，也可以向他提出建议（见表 2-2）。

表 2-2　从右脑引导至左脑

同右脑联结	引导至左脑
身体触摸	提供解决方法
用关爱的语气说话	鼓励孩子用语言描述
带着感同身受的面部表情	做计划
共情	以逻辑化的方式解释
暂停一下	划定边界

什么样的联结不适宜

常见的错误的联结和引导是家长被孩子的语气或“非理性”要求激怒，导致他们不太可能以协调的方式与孩子交流。结果，家长的话听起来像是在交流，但孩子既感受不到温暖，也感受不到慈爱。

例如：“我可以告诉你，你现在真的疯了！”你说这话的语气带着怒意，或者像机器人一样生硬，没有温暖的感觉；或者你发现自己皱着眉头，双手叉腰地说：“我知道你生我的气，但我告诉过你三次要快点儿！”交流需要的不只是暖人的话语或对他人情感的认同。要达到交流的目的，整体的互动感觉需要充满温暖和情感。我们的目标是让孩子“有被在乎的感觉”，并体会到我们“理解”他的感觉，让他知道我们会支持他。

图解全脑教养第 1 法 THE WHOLE-BRAIN CHILD WORKBOOK

避免命令和要求

尝试聆听与关注

接下来花一点儿时间想想，有多少次在孩子不高兴时，你的回应没有联结到他的右脑？在我们进一步探讨这个想法之前，先想想当孩子需要的时候，有哪几次你本可以使用更温暖、更关爱的方式回应？把它们写在下面空白处。

请记住，在那些艰难时刻，孩子并不是单纯地想给我们找麻烦——相反，孩子正在经历艰难时刻，需要我们的帮助来重新整合他的大脑。

你的非语言交流方式是怎样的

正如我们在《全脑教养法》中所讨论的，非语言交流在聆听与关注策略中起着重要作用。许多人会自动使用这种交流方式，而不会对其认真审视。但是，同样，当我们的非语言交流与语言交流不同步时，孩子会感到很困惑。

想想当孩子情绪失控时，你使用过哪些非语言交流方式。你的行为是有助于与孩子的沟通还是阻碍了与孩子的沟通，这取决于你对待每一种情况的方式。

表 2-3 列出了日常使用的 8 种不同类型的非语言交流方式。想要更深

入地理解这些行为的微妙之处是如何影响孩子的，请思考一下这些方式是如何与孩子建立联结或失去联结的。

在表 2-3 中，简要描述你与孩子之间的每种非语言交流方式。你可以问自己这样的问题：如果我这样做，孩子会怎么看我？他会如何看待自己？这种交流方式会让孩子觉得我理解他，还是不理解他？我们在第一行给出了示例，帮助你理解家长行为上的微小改变会给孩子带来多大的变化。

表 2-3 非语言交流方式的"联结"效果

建立联结	失去联结
眼神接触：俯下身来与孩子一样高（低于他的高度更好），和他说话时看着他的眼睛，让他有安全感，明白我对他不是一个威胁	眼神接触：当我低头看着他时，在孩子眼里我非常高大且威严。无论我在这个位置上说什么，都会向他传达威胁的信息，他会下意识地想为自己辩护
面部表情（如"温柔"的眼神，放松的表情……）	面部表情（如皱眉、噘起嘴唇、咄咄逼人的表情……）
语气（如柔和、安慰、舒缓……）	语气（如紧张、大声、愤怒……）
姿势（如放松肩膀，张开双手，也可以跪坐在地上……）	姿势（如双臂交叉，双手叉腰，前倾……）
手势（如温柔地抚摸、拥抱……）	手势（如摇手指，扬起手臂……）

续表

建立联结	失去联结
回应的时机（如先让孩子说完再说话，回答问题前先提问……）	回应的时机（如打断孩子说话，长时间令人生畏的停顿……）
回应的强度（如保持冷静，耐心……）	回应的强度（如大喊、哭泣、非常激烈……）
身体动作（如靠近、放松地走动、弯腰……）	身体运动（如快速走开、跺脚、激动不安……）

孩子对一切事物都有着惊人的洞察力——尤其是我们对他们的回应。通过这个练习，你可以更清楚地意识到你与孩子的非语言交流方式有哪些，以及每一种非语言交流方式是如何在一些特定的时刻影响孩子对你的情感联结或反应的。

尽管如此，有时我们还是很难按照我们想要的方式去养育孩子，尤其是当孩子的行为看起来很不理性，或者我们轻而易举就能找到解决方式时，要做到这一点就更难了。正是在这些时刻，我们经常犯错误，还没有与孩子建立联结就急着引导，没有关注孩子的感受就急着解决问题。

但是，了解自己在这种情况下会有什么样的感觉可以帮助你避免犯以上错误。接下来的反思部分就是为此而设计的。

当你难过的时候，你希望别人怎么回应你

回想一下你最近不开心的经历，当时你根本不想处理任何事情。让你沮丧的原因可能与孩子有关，也可能与工作有关，或者与生活中的某个人发生了冲突有关。

接下来，你找了一个关心你的人，可以是一个亲密的朋友或其他重要的人。你向他诉说沮丧的经历。结果，这个人却和你争论起来，或者告诉你不用太难过，或者试图转移你的注意力，或者说你只是累了，甚至劝你不要再对这件事大惊小怪了。

如果你得到的回应是上面的某一种，你会有何感受？比如，你会抿起嘴或眼泪夺眶而出吗？你想说些什么来回应他？你会反驳他吗？你想停止谈话吗？你还会觉得他是你下次沮丧时依然可以信任的人吗？你是感到安全和有人支持还是孤独无援？写下你的经历和回应：

____

____

____

____

现在我们从头再来一遍，但这一次，想象一下你求助的那个人成功与你建立了联结。在这种情况下，你被倾听、被安抚、被认可，即使问题没有解决，这样的回应也会让你冷静下来，你可以开始自己解决问题。写下你在这种情况下的感受、想法和经历：

你可能已经注意到，当你想要的是别人的感同身受，得到的却是让你大事化小或仅仅告诉你如何解决时，你会马上感觉到与对方脱节，并想要得到更多回应。

显然，我们希望孩子能体验到更多基于联结的回应，但这并不是自然而然就能发生的。父母常常会为此感到沮丧，不过如果你多注意令你与孩子失去联结的原因，这就会使你得到改变，孩子的反应也因此会大有不同。

是什么阻碍了我们的联结

如果我们未能成为善于联结的父母，是什么阻碍了我们呢？答案可能复杂多样。让我们看看你的答案是什么。

想想任何阻碍你与孩子交流的因素。下面列举的这些对你来说是否适用?

- 睡眠不足。
- 害怕强化孩子的不良行为。
- 对孩子的期望超出了他所处的年龄。

- 不喜欢家人或陌生人的评价（这会让他们认为你要么过于苛刻，要么过于宽容）。
- 被其他任务压垮，比如上班不能迟到、按计划行事、照顾其他孩子……

对于大多数父母来说，这些因素时不时地就会阻碍联结。如果有其他因素你也可以写进来。或者再深入一些，想想上一次孩子不高兴的时候，你的回应有没有让你们俩感到彼此疏远，甚至更难过？写出导致你们彼此之间联结断开的一个原因，或者多个原因。记住，这里写的是你自己对这种情况的反应，而不是孩子的反应。

____

____

____

____

对许多父母来说，他们也许从未发现忙碌的生活和个人的敏感性会以多种形式妨碍我们实现目标。我们常常为了没做到本应该做到的事而责怪自己或感到内疚，而没有理解发生这种情况背后的复杂原因。

上面的反思需要你深入观察许多微妙的情感和反应，这都是你以前可能没有意识到的。这对你来说会是一项艰巨的工作！好消息是你已经发现了这一点，且应该为自己如此坦诚而庆幸。

现在，你有了自我审视这个有力工具了，把它与聆听和关注策略整合起来，并运用到自己的家庭情况中吧。

想象联结

让我们从一个假设的例子开始描绘“想象联结”这个画面。在表 2-4 的第 1 列中，我们描述了一个你可能会面临的养育困境：孩子对去朋友家过夜很兴奋，你也制订了自己的计划。但到了该去朋友家的时候，她却拒绝离开，因为她说害怕在外面睡觉。

在第 2 列中，我们给出了一个父母的典型反应，这类反应往往没有与孩子联结，仅仅就是为了把计划推进下去。第 3 列描述了孩子对此的反应。

第 4 列给出了真正的联结是什么样子的：家长的反应让孩子感到被关爱和倾听，继而家长顺利开始了引导。第 5 列显示了孩子对此的反应。

我们给你留了空，以填写自己的场景。在第 1 列中，想一个你与孩子共同面对的实际情况，然后写下你通常是如何回应的，以及如果运用聆听与关注策略，回应会变得更好吗？站在孩子的角度，揣度他们的感受，以及他们会如何回应你的不同方法。

表 2-4　真实场景下的聆听与关注

孩子心烦意乱的场景	父母常见的反应	孩子的反应	正确的聆听与关注	孩子的反应
孩子对在外过夜期待已久，临到出发时却不想走	“什么？！你不是想去很久了吗？” 或“别担心，你会玩得开心的！”	孩子感到被忽视和否定。封闭自己，拒绝离开	抱紧孩子，深呼吸后说：“听起来你好像重新考虑了一下。”确认孩子当下的感受，然后再解决问题	孩子感到被理解和支持。能够冷静下来谈论他的害怕和担忧

续表

孩子心烦意乱的场景	父母常见的反应	孩子的反应	正确的聆听与关注	孩子的反应

孩子对聆听与关注策略的积极反应越多，你就越有可能使用这种方式。使用得越多，在下次孩子遇到困难时，使用这种方式就越会成为你的默认反应之一。

当你对联结和引导的熟悉程度加深时，回顾一下，看看你是否还会在某些方面陷入困境。但是现在，让我们进入全脑教养第 2 法。

全脑教养第 2 法 THE WHOLE-BRAIN CHILD WORKBOOK

经历分享：安抚情绪

对于孩子来说，不仅车祸或祖父母去世这样的大创伤会让他们感到难以承受和不安，小创伤也会如此，比如在操场上玩耍时摔倒或失去心爱的毛茸玩具。激烈的情绪和强烈的身体感觉会淹没孩子的右脑，无法让他平静下来，也可能让他陷入恐惧之中。

父母会不自觉地忽略或掩盖一些事情——尤其是那些对我们来说很微小的事情。例如，你可能会说：“别哭了。没事！”相反，与孩子分享他们的经历，用讲故事的方式回忆令他们痛苦的事情可以帮助孩子平静她受挫的右脑，开启左脑模式，利用逻辑思维来重新解释和处理事情。

图解全脑教养第 2 法 THE WHOLE-BRAIN CHILD WORKBOOK

避免置之不理和否认

尝试经历分享

复述故事需要孩子运用左脑的逻辑和文字能力，以及右脑感知情感、语境和意义的能力。同时运用左右脑可以把孩子带回一种大脑整合的状态，让他们能够解决问题，制定策略，并对情况有一种掌控感（见图 2-3）。

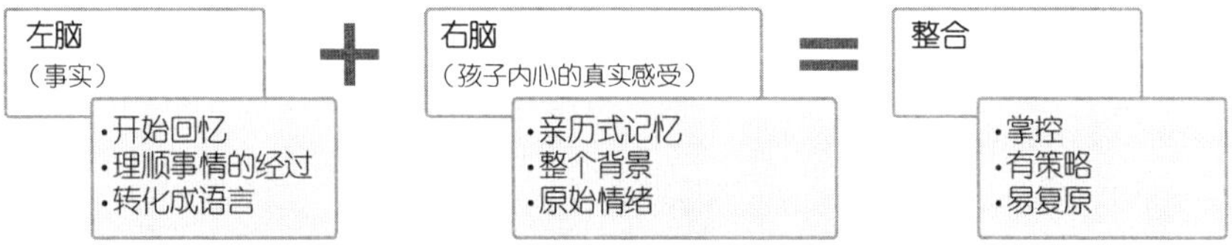

图 2-3　左右脑整合

你是“左脑模式”还是“右脑模式”

还记得本章开头的问题吗？当孩子难过时，你主要是用左脑还是右脑来回应？让我们先来思考一下：你是“左脑模式”还是“右脑模式”？

在你为人父母之外的生活中，你是否只关注事实和谈话策略，几乎不关注自己的感受？遇到问题时，你是否会进入解决模式？如果是，那么你更倾向于以“左脑模式”处理问题。

相反，你是否发现自己在面对内部和外部情况时经常情绪化？你是否能够同情他人，并将他们的情绪与自己的情绪相匹配——有时甚至超越了健康和有益的范畴？如果是这种情况，你更倾向于以“右脑模式”处理问题。

请写下你对这个问题的思考。

是什么影响了你对孩子情绪的反应

现在想想你的典型反应源自何处。在你自己的童年时期，你的父母是如何回应你的情绪的？他们会忽视或指责你的情绪吗？所以，当情绪开始出现时，你学会了隐藏吗？或者完全相反，你的父母是否常常处在情绪海啸的中心，你需要时常躲避他们的情绪风暴？

父母对你情绪的反应中，哪些对缓和情绪有用？哪些无用？请在下面详细描述你的记忆：

现在想想，你在孩童时期得到的情绪回应与你对自己孩子情绪的回应有什么不同？我们自己的童年经历最终影响了我们对自己孩子的养育方式。当我们成为父母后，我们采取的养育方式要么与长辈完全不同，要么完全一样。孩子的行为会引发许多从未被重视的情绪，这些情绪会妨碍我们按照自己想要的方式养育孩子。

在对强烈情感的回应上，你与长辈有什么相似之处吗？当你身处困境的时候，你得到的养育方式有什么不同吗？

____

____

____

____

探索自身的感受和经历，无论对父母和孩子来说都是极其重要的。事实上，我们如何理解自己的过去，即如何讲述自己的人生故事，很大程度上可以预测孩子对自己的依恋程度。我们从讲述故事的过程中逐渐了解到亲子关系应有的样子。这种认知来源于过去，同时也决定了我们如何在当下与孩子、家人、朋友相处。

因此，如果我们能常常反思自我，同时对父母的养育方式了解得越多，就越能理解我们为什么会这样对待自己的孩子。这个观点是我与玛丽·哈策尔（Mary Hartzell）合著的《由内而外的教养》[①]（*Parenting From the Inside Out*）一书的核心内容。如果你想更深入地理解这些概念，并学习理解自己的人生故事，这是一个很好的资源。

---

①《由内而外的教养》是丹尼尔·西格尔的另一本经典畅销读物，深入探讨了童年经历对父母教养方式的影响。该书简体中文版已由湛庐引进并策划出版。——编者注

身为父母的你得到了多少支持

当你试图与孩子建立联结，并且在他们遇到困难时，你想更加关心他们，更积极地回应时，你有感受到其他成年人的支持吗？想想那些对你重要的人、父母、亲属或其他任何人。在多大程度上你觉得自己是共同养育孩子团队中的一员？大家都是在努力为孩子提供始终如一、充满爱心的照顾吗？

____

____

____

____

根据你的上述回答，与你的队友也聊聊这些想法吧。先弄清楚我们自己对孩子情绪和行为变化的各种感受，是使我们能够在不受自己情绪反应和情感需要的影响下与孩子保持协调的重要一步。

THE WHOLE-BRAIN CHILD WORKBOOK

全脑儿童丨教孩子了解左脑和右脑

如你所知，我们在《全脑教养法》这本书中安排了几个“全脑儿童”的插图，来帮助父母给孩子讲解书中的一些关键概念。其中一幅描述的是孩子的大脑是如何被情感所束缚的，以及为什么复述故事和分享痛苦经历可以令孩子平静下来。

我们在本书中也提供了同样的内容，这样你就可以和自己的孩子一起读了。

你的左脑和右脑

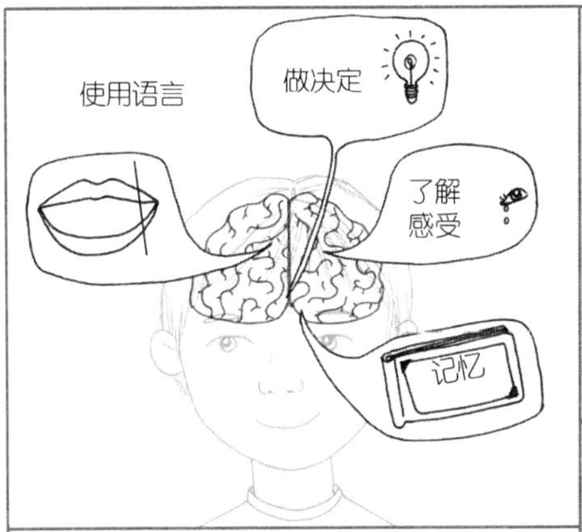

◆ 你知道你的大脑分成很多部分并且每个部分都有不同的功能吗？这差不多相当于你有很多个有自己想法的大脑。不过我们可以让它们融洽相处并互相帮助。

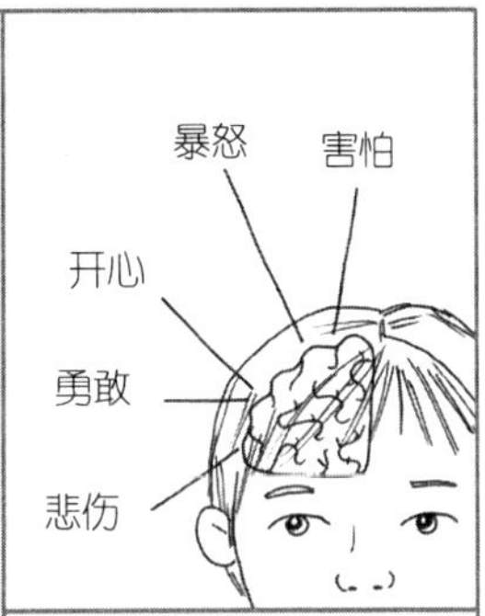

◆ 我们的右脑听从我们的身体和大脑其他部分的指挥，它了解我们的情绪，比如开心、勇敢、害怕、悲伤或者暴怒。关注这些感受并与之对话非常重要。

◆ 有时，当我们心烦时，我们不理会这种情绪，但它会在我们的心中不断累积，让我们说出本不想说的话，做出本不想做的事。

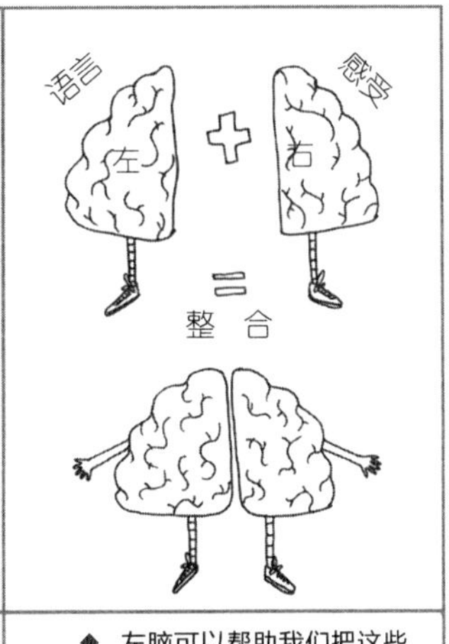

◆ 左脑可以帮助我们把这些感受转化成语言。当我们的大脑像团队一样工作时，我们就能平静下来。

案例

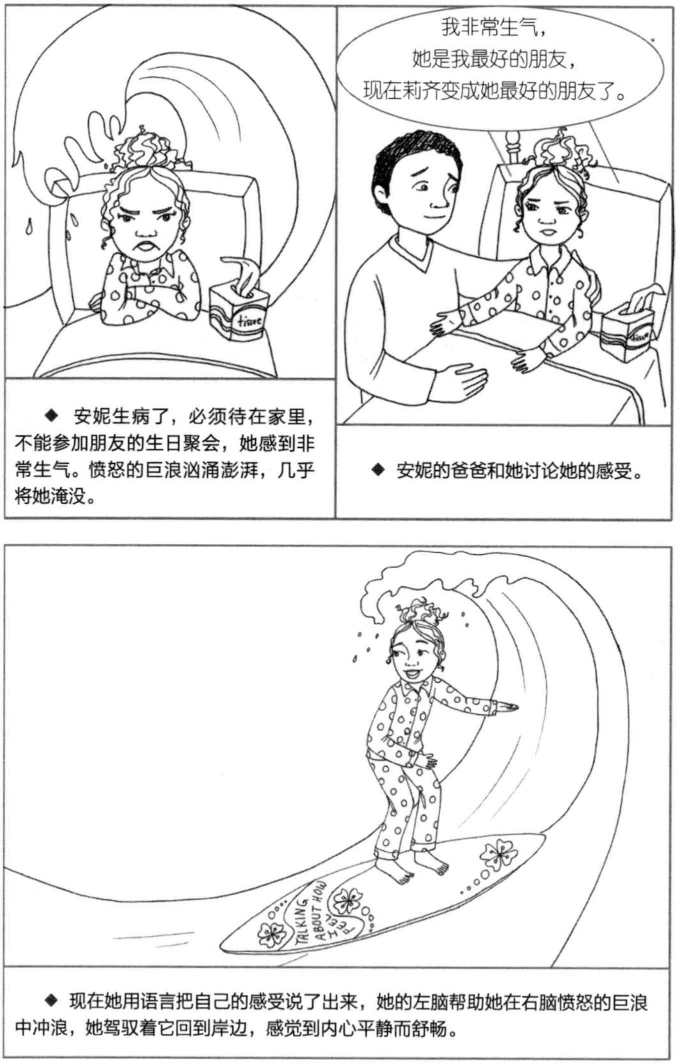

◆ 安妮生病了，必须待在家里，不能参加朋友的生日聚会，她感到非常生气。愤怒的巨浪汹涌澎湃，几乎将她淹没。

◆ 安妮的爸爸和她讨论她的感受。

◆ 现在她用语言把自己的感受说了出来，她的左脑帮助她在右脑愤怒的巨浪中冲浪，她驾驭着它回到岸边，感觉到内心平静而舒畅。

帮孩子弄清楚令他沮丧或困惑的事情的来龙去脉，让孩子用语言来感受自己的情绪并表达出来，这有助于开启他的左脑模式，关闭他的右脑模式。

复述故事

想要引导孩子分享那些令他不开心的经历，最有帮助的方法就是像讲故事一样复述可能会引起恐惧或焦虑的事件。当你想要克服长期的恐惧或忧虑时，编写一本故事书可以让你和孩子一起从头到尾理顺事件（需要用到左脑的语言能力），由此产生的情绪可能会与生活的方方面面产生联系，这就将右脑中满溢的情感与语境联结起来。这样做可以帮助控制右脑的反应。你选取的这个事件会产生意象和强烈的情感，而孩子可能无法理解它们，此时你用语言来解释它们，那么这个故事就变成了一个整合的体验。

故事书可以简单也可以复杂。蒂娜在她最小的儿子上幼儿园之前给他做了一本这样的故事书，并起名《当 JP 去上学》。她知道儿子第一天上学可能会有些害怕，所以她希望儿子第一次走进教室时尽可能感到像在家一样舒适。因此，他们俩在开学前一天就参观了学校，并给教室、操场、老师，甚至卫生间都拍了照片。他们一起把照片打印出来，并用绳子串起来。

在开学前的日子里，每当儿子对学校有疑问或担心时，他们就会读《当 JP 去上学》。每浏览一页，蒂娜都会读照片下的“评语”。例如，第一页介绍了儿子为上学所做的准备：

> 今天是 JP 上学的日子，他就要去他自己的学校了！他将会学到有趣的东西，和朋友们一起玩耍。先看看 JP 为上学做了什么准备：他吃了顿健康的早餐，还刷了牙，然后他挑了要穿的衣服并自己穿上了它们。他长大了！

这本书接着特别介绍了早上的日常生活，然后在故事中加入了自传式记忆和背景，同时引入了儿子右脑的感受和情绪：

> 有时候 JP 会在和爸爸妈妈说再见的时候感到难过，但他是个勇敢的孩子。如果他感到难过，他可以看看他手臂上的贴纸，提醒他妈妈和爸爸很快就会回来。如果他需要帮助或安慰，他可以告诉老师。这样 JP 会感觉好多了，再和朋友们继续玩。

在书的最后，蒂娜让她的儿子体验了一种掌控经历的感觉：

> 每天放学后，JP 都会回家告诉爸爸妈妈和哥哥在学校发生的事情！爸爸妈妈都非常乐意听听他在学校的日常生活！

JP 的书中还包括了一些细节，比如早上在学校会做什么，白天他在课堂上会做什么，老师和教室的照片，以及当爸爸妈妈在放学接他时他会有什么期待。

孩子感到害怕是很正常的，但他们不知道自己害怕什么，也不知道该如何表达。这时就需要成年人的善解人意：理解他们的恐惧，帮助他们把自己的情绪用语言表达出来。在这样做的过程中，我们安抚了孩子，帮助他们整合了自我。只要孩子愿意，就与他一起读读他的故事书吧。孩子会觉得自己是在一个安全的环境中，一个他可以得到成年人的安慰和支持的地方战胜忧虑，这些忧虑可能是害怕去新学校、害怕过万圣节等。

如果你想与孩子写一本属于自己的故事书，就选一个让他感到有压力、恐惧、焦虑、痛苦或任何不快乐的经历。比如要去医院看病，或者即将有一个弟弟或妹妹，或者是一件过去发生却至今困扰着他的事。记住，对你是激动人心或平淡无奇的经历，对孩子来说却可能产生巨大的负面情绪，而他可能不知道如何理解或表达自己内心的想法。

在你的书里，你可以贴照片或画简笔画。你可以手工制作，也可以用电脑打印出来。只要能详细地讲述故事，多少页都可以。形式如何不重要，重要的是故事内容和承载的情感。通过简单的句子和对孩子大脑的一点探索，就可以让孩子在情绪巨浪中冲浪而非被淹没。

全脑教养第 2 法强调了分享经历时的 3 个要素：

1. **事实。**左脑的信息要完整，孩子才能理解实际发生了什么。
2. **孩子的感受。**探索孩子所有的内在体验，无论好坏。故事不能仅仅是充满阳光和彩虹的美好版本。
3. **给孩子掌控的机会。**给孩子提供一些他可以做的小事，让他感觉舒服，有掌控感。这可能需要使用某种工具来帮助他调节情绪，比如 JP 用的贴纸和他可以去找老师谈谈的提醒。

你可能会发现孩子想要一遍又一遍地读这本书。你需要做的是开启这样的对话，聊聊他的感受，教会孩子成功处理不同情绪的方法，帮助他达到一种舒适的状态。

这就是联结左脑与右脑的迷人之处。我们可以成为孩子的向导，引导他们理解情绪并最终能够控制情绪。

The Whole-Brain Child Workbook

3

教会孩子自我控制

整合上下脑

父母的目标应该是帮助建立并加固联结上下两部分大脑的虚拟阶梯，从而让这两部分大脑像一个整体一样运作。

——《全脑教养法》

在父母希望孩子掌握的各种能力中，控制冲动、平息强烈情绪、做出明智决定等能力总是排在靠前的位置。然而，当我们成长到二十多岁时，控制这些功能的大脑区域才能够发育成熟，所以父母就必须对这些能力有一定的理解。关于教什么、什么时候教、孩子能理解多少都要根据孩子在不同阶段的自身情况而决定。

在《全脑教养法》中，我们将大脑视为一栋楼房，这栋楼房具有上层脑、下层脑以及整合上下脑的心智阶梯（见图 3-1）。下层脑较为原始，通常涉及基本需求和本能；上层脑则非常复杂，所承担的任务也更加艰巨，所有父母期待孩子拥有的品质往往都是在大脑的上层区域形成的（见表 3-1）。

当大脑的这两部分区域同时工作时，人们就可以很好地处理复杂的事情。例如，他们会三思而后行，顾及后果，考虑别人的感受，做出合乎伦理和道德的判断。

但是要知道，一个人直到二十多岁，上层脑才能发育得较为成熟，这就意味着孩子有时候并不能把每一件事都处理得很好。考虑到这个原因，不能期待孩子像成年人那样很好地控制自己的行为、情感。说实话，即使上层脑已经发育完全，依然有很多成年人无法做到熟练使用上层脑的相关功能。

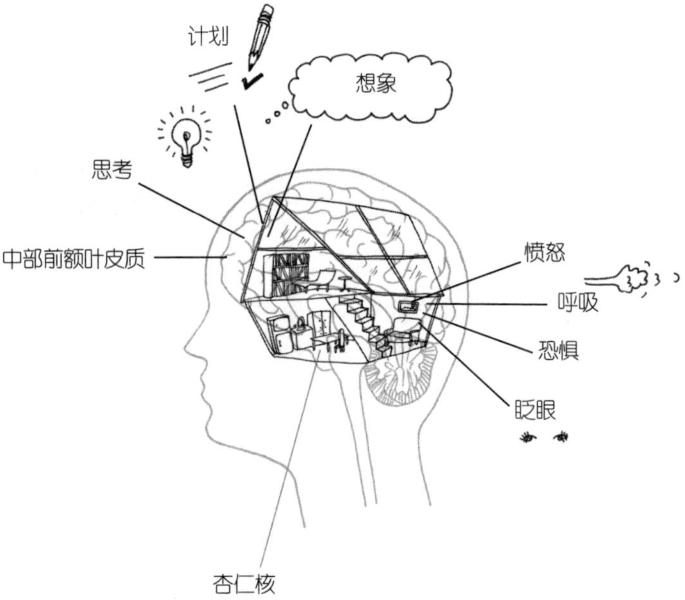

图 3-1　上层脑和下层脑

表 3-1　下层脑与上层脑分别对应的大脑功能

下层脑	上层脑
战斗、逃跑、僵住的反应状态	明智决策
基本功能（呼吸、眨眼、与生俱来的反应）	控制身体和情绪
感官记忆	自我理解
强烈的情感（恐惧、生气、激动……）	共情力
行动先于思考	道德感

你对孩子有什么期望

我们来盘点一下对孩子的所有期望，包括有意识的和无意识的，这有助于你及时调整对孩子的期望。

回想一下你对孩子的了解以及你回应他的方式，你会因为他的不良行为责备他吗？是否有那么几次你认为孩子的行为是由他的性格缺陷造成的，或者他当时出了点问题甚至他就是故意做错呢？你有没有感觉到他其实可以做得更好，但却不想那么做呢？

我们以孩子拒绝做作业为例来看看这种行为（见图 3-2）：

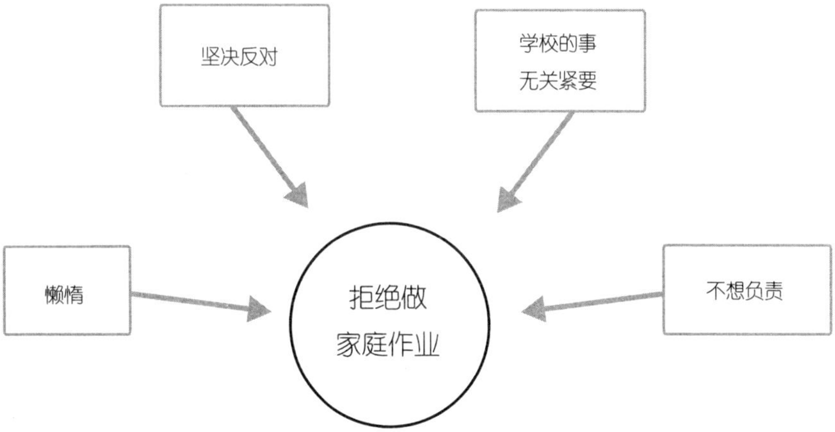

图 3-2　拒绝做家庭作业

让我们带着对大脑的各种认知再来看看这种行为，可以得出以下解释（见图 3-3）：

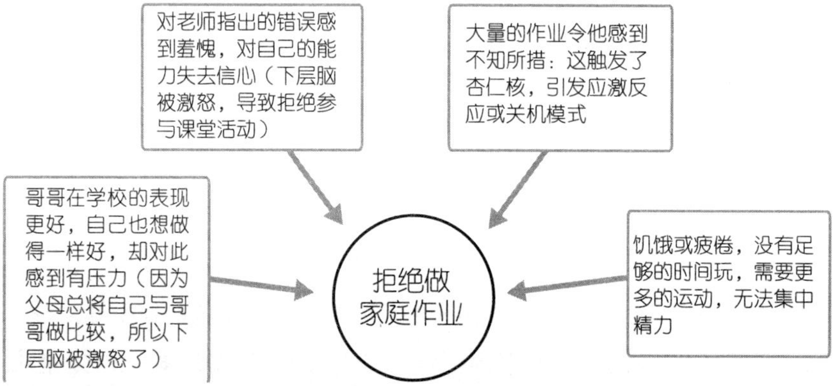

图 3-3　用全脑方式看待拒绝做家庭作业的行为

有时候你是否对孩子的期望过高呢？对于小一点儿的孩子，让他们安静地吃完一顿饭，乐于分享或者在感到害怕时镇定自若就是过高的期待。对于大一点儿的孩子，让他们井井有条地完成作业，控制情感，处理好焦虑的情绪，对兄弟姐妹要有足够的耐心，同样有些不合理。下面请针对一些不大合理的期望，尤其考虑到上层脑还未发育成熟的情况，用一两句话进行解释。

既然你已经对期望有了更深的思考，接下来请写出你是如何引导孩子的行为的。例如，如果你希望你 2 岁大的女儿能够安静地吃完一顿饭，你可能就会一直让她玩涂色卡或者橡皮泥；对于已经上中学的孩子，你可能会定期检查作业、教他制订计划来合理安排作业。请在下面写出 2 ～ 3 种方法。

现在，想想你可以采取哪些具体步骤来实现目标。例如，寻求伴侣的帮助进行改变；或者制订一个计划，好让孩子在早上上学前有充足的准备时间，从而减轻自己的压力；或者与邻居交换照顾孩子。在下面列出一些行动步骤。

我们发现，当父母对儿童发育和孩子大脑发育有了更好的了解后，就能更好地为孩子设定现实的、与年龄相符的期望，争吵和不良行为自然就能大大减少。

通过反思孩子还未掌握的那些技能，你就可以更好地了解，当孩子在“发脾气”时，这实际上是一种求助信号，表明他在做别人要求他做的事时，遇到了困难并且需要你的帮助。

这并不是说你可以对错误行为视而不见。而是当孩子处于情绪激烈的状态时，了解上层脑和下层脑的工作模式实际上对父母来说是一种极其有效的策略，让你了解当孩子处在怒火中时，成年人要如何应对。

脾气也有不同

当孩子发脾气或者将要发脾气时，许多父母会立即用命令和要求的方式阻止，例如“不要闹了，让你的姐姐玩一会儿球！”

然而，用上面这种处理方式会激怒孩子的下层脑，从而导致剧烈争吵。孩子感到不被理解，而你还教给他要遵守规则才能够得到他想要的东西。

如果你事先了解了发脾气的实质——上层怒火还是下层怒火，你就会知道在孩子发脾气的时候如何管教是有效的（见图 3-4）。

正如你所看到的，孩子的脾气有所不同，这表明他的大脑发育过程和身体发育过程也是有所不同的。如果我们对孩子歇斯底里的怒火只是机械地“应付”，很可能孩子还没冷静下来，我们自己就被激怒了。

当孩子难以做出正确的决定和无法控制自己时，父母要耐心一点儿，通过一些小的实践活动，用足够的爱去回应他们，好让他们平复情绪，而不仅仅是做出反应。

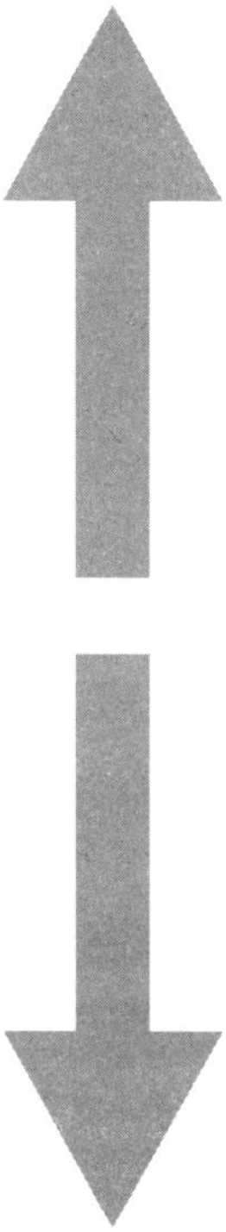

上层怒火的特征

- 有目的地发火，威胁父母。
- 有策略地、巧妙地控制情形。
- 孩子可以保持理智，做出选择，控制自己的情绪。
- 孩子的要求得到满足时就会立即停止发脾气。

注意：很小的孩子是不具备上层怒火的能力的，他们的相关神经结构还未发育完全，不能像这样思考。

下层怒火的特征

- 应激激素充斥着孩子的身体，干扰上层脑的工作和运行。
- 无法控制自己的身体和情绪并伴随着极大的压力。
- 孩子不能做出合理的判断和选择。

图 3-4　上层怒火与下层怒火

如何应对孩子发脾气

针对下面这些情况，你通常会采用什么样的方式来回应？尽量对自己坦诚一点儿。想想你在这些情况下会怎么做，尤其是那些你熟悉的情形。除了那些你可能会做的事情，如谈判、恳求、妥协……还要注意随之出现的各种感觉、想法和身体反应。你会咬紧牙关、心跳加快吗？在表 3-2 的右栏中，写下你的反应。

答案无所谓正误。你只需要弄清自己对孩子的反应中有哪些是无意识的，哪些是习惯性的。如果你能想到最近对孩子发脾气的具体情形，请随意代替表中的例子。

表 3-2　孩子发脾气的情形

发怒的情形	你的典型反应
在公园，孩子因为其他小朋友不跟他分享沙滩玩具很生气而动手打了对方	
你要求儿子关掉电子游戏，他生起气来，还大喊："我讨厌你！"	
要吃晚饭了，你告诉女儿"不要玩玩具了"，但她根本没理你。你坚持要她吃饭，她便把玩具扔得到处都是，还开始大哭大闹。	
女儿非要买一双新鞋，你没答应，所以她越来越生气	
送儿子去露营时，他紧紧抱住你并大声哭泣	

想一想：在哪些情况下，你更有耐心？孩子的哪种怒火令你觉得更烦恼？另外，每次孩子发脾气时，你会对自己说些什么吗？比如"又来了！她总是这样！"你会下结论吗？比如"他真是被宠坏了！"你越清楚自己的所思所想，就越有可能在孩子发脾气时更好地做出回应。请写下你观察到的现象。

在你弄清楚自己的想法和所下结论后，评估一下你的这些通常的回应对安抚孩子有效吗？你的这种处理方式让你们双方冷静下来并重新建立起联结，还是让你们双方更愤怒、更疲惫，或者断开联结呢？

____

____

____

____

____

在回应孩子的怒火时，为了能让彼此都感到舒服，你认为可以做出哪些改变呢？比如，不再大喊大叫了？要多控制自己情绪？承认自己无法解决所有问题？在争吵中接受孩子的负面情绪并能够保持冷静？写下你的想法。

____

____

____

____

____

最后，要做出这些改变，你需要哪些支持？比如找人谈谈你面临的压力？记住会导致自己发脾气的因素？多睡觉？

对于许多父母来说，这是他们第一次真正考虑自己应对孩子的怒火时，到底是在缓解自身压力，还是在给孩子愤怒的下层脑火上浇油。由此可引出全脑教养第 3 法。

全脑教养第 3 法 THE WHOLE-BRAIN CHILD WORKBOOK

动脑莫动气：唤醒上层脑

在《全脑教养法》中，我们提出了第 3 种策略——动脑莫动气：唤醒上层脑。了解此策略很重要，可为你提供一些避免孩子情绪崩溃的方法，而且还能教给孩子一些能力，如妥协、沟通和良好的决策能力。

在孩子遇到困难的时候，最关键的做法是我们要有意识地决定调动孩子哪部分大脑。面对孩子的脱轨行为，先与他建立联结（记住聆听和关注），给他一些同情和理解，这样他会感到此时是被支持的，他的防御心理开始瓦解，更有可能和你一起商量解决问题。当你要求孩子思考问题或者让他通过头脑风暴来寻找解决方案时，这会唤醒他的上层脑，令他回到稳定的状态中。请记住，如果他处在崩溃状态，他的上下层脑将无法很好地工作，这时候首先需要做的就是帮助他平静下来。

图解全脑教养第 3 法 THE WHOLE-BRAIN CHILD WORKBOOK

避免触发下层脑

唤醒上层脑

让孩子崩溃的原因是什么

首先，让我们思考一下是什么导致孩子失控。一旦我们清楚地了解了这一点，我们就可以制订计划，帮助孩子更好地应对失控。

令孩子崩溃的典型情况是什么样的？是否有内部触发因素，如饿了、没睡够或生病？是否有某个人让他感到有压力？是大嗓门的比尔叔叔吗？或是喜欢使劲儿亲人的苏菲奶奶？还是某位严厉的科学老师？又或者是一些会触动他的事情，例如临近比赛日期，晚上爸爸妈妈要出去约会，马上要到交作业的日子了。

在表 3-3 的左栏中尽可能多地填入你能想到的发脾气的诱因。你甚至可以将其中一些归结为常见的原因，如分离焦虑、过渡期不适应和升级考试等。

在右栏中写出你要如何积极主动地应对这些问题，才不会激发孩子的下层脑的方法。你有什么想法吗？为了让孩子做出改变你需要什么样的帮助？表中提供了一个典型的例子来说明。

表 3-3　如何应对孩子发脾气

孩子发脾气的诱因	父母可行的方法
家庭聚会	在自己家举办聚会，让她可以在自己房间放松
她总是不喜欢聚会中的饭菜，对长辈无礼，也不想拥抱或亲吻他们，她总是想早点儿离开	聚会前吃点儿东西或给她带点儿零食，让她用自己舒服的方式跟亲戚打招呼
在长辈（爷爷奶奶或姥姥姥爷）家总喜欢发牢骚	提前想好解决办法，如安排好她在聚会中可以做的事，可以带一个小朋友一起参加聚会，带几本书或玩具，或者给她听听音乐

续表

孩子发脾气的诱因	父母可行的方法

我认为孩子并不应该按我们的意志生活，也不是所有情况都要以他的喜好为准，但是你一定要充分了解自己的孩子。上个例子中的女儿可能对嘈杂拥挤的环境很敏感，在外向型家庭中是一个内向的孩子。在长时间的家庭聚会中，没有适合她年龄的玩乐活动，这段时间对她来说很难熬。面对这种情况，你需要做个选择：要么想出一些方法安抚孩子，也让你在这种情形下轻松一点儿；要么坚持让孩子去适应这些场合。

当然，就像我们之前说过的那样，如果你都不能很好地控制自己，如何才能帮助到孩子？所以，接下来，请把注意力暂时转到自己身上一会儿。

什么触发了父母的下层脑

请仔细考虑一下可能令你情绪爆发的典型情况：快迟到了吗？感觉被人质疑？承担了太多责任？在你与孩子交流的时候，怎样能让自己的上层脑得到更好的控制？需要吃好、睡好或安排一些个人时间？请思考表 3-4 中的情形。

表 3-4　父母可能情绪失控的情形

父母发脾气的原因	可行的方法
每天早上痛苦挣扎着离开家去工作 感到沮丧、压力大时还要照顾孩子的起居	前一天晚上尽可能做好准备工作； 早起 10 分钟进行冥想，会让白天的生活更舒服； 让孩子承担多一些责任； 为孩子制作一个早上例行表，这样就不必提醒他们所有的事情了

大多数情况下，人们并不会考虑自己发脾气的原因，他们只知道自己很生气。事实上，人们常常不知道自己承受了压力，有些人直到爆发时才意识到。人在情绪激烈的情形下做出的反应是从下层脑产生的，而不是更整合的上层脑。我们要关注这些诱因，采取措施避免这些触发因素，来帮助自己和孩子，从而使我们的大脑和身体处于整合状态。

唤醒上层脑

当我们创造越多的机会锻炼孩子的上层脑时，孩子情绪失控时就越容易唤醒上层脑。父母的本能就是为孩子解决问题，在他们遇到困境时给他们提供解决方法。相反，如果我们促使孩子自己完成任务，这实际上是在锻炼孩子的大脑肌肉，达到培养他们的同理心、自控能力、道德感和良好的决策能力的目的。

针对表 3-5 中孩子的行为，想想父母可以采取哪些行动来锻炼他们的上层脑。在左栏列出孩子的一些正面和负面行为。在中间栏列出父母激怒孩子下层脑的行为，如争吵、发怒等。在右栏列出引导孩子唤醒上层脑的行为，如与他进行谈判，倾听他的感受，考虑其他选择以及妥协等。阅读我们的示例，然后写出你自己的情况。

表 3-5　锻炼上层脑

孩子的行为	父母激怒孩子下层脑的行为	父母引导孩子唤醒上层脑的行为
孩子抱怨晚餐的食物	父母被孩子的抱怨激怒，直接反应是阻止这种行为： “有什么好抱怨的，有的吃就不错了！”	承认孩子的感受，再开始谈话： “今晚吃鸡肉，你有点儿不高兴了，是吧？我很抱歉。要不我们俩一起想想办法，制订一个我们俩都喜欢的计划吧。”
熄灯后孩子多次离开卧室	父母先是妥协然后生气，因为发现妥协没用： “我已经给你喝水了，把你抱到床上，还抚摸了你的背！为什么你不能就这样睡觉呢？该睡觉了！”	先与孩子共情，一边寻找孩子睡不着的原因，一边划定边界： “似乎有些事情使你难以入睡。你知道是什么吗？我把你抱到床上去，你告诉我好吗？现在很晚了，该睡觉了。”
借给姐姐自己最喜欢的衬衫	父母只关注孩子做错的事，却忽略了她积极的一面： “那件衬衫真的很贵！如果被她毁了我可不会再给你买一件！”	首先要有同情心，然后站在孩子的角度回应： “你真的很慷慨，你令姐姐非常高兴。但如果她把衬衫弄脏了，你会怎么想？”

你可能已经发现，当你的下层脑没有被激怒时，保持对孩子的同情心就容易得多！当然，当我们的生活平静，没什么压力时，保持情绪稳定、头脑冷静、与孩子建立联结也很容易。但是，同孩子一样，当你的大脑超负荷运转时，你也很有可能会发脾气！

保持参与

父母都是非常忙碌的，照顾好自己往往被排在最后。然而，锻炼自己的上层脑是一件很简单的事情，你每天都可以练习，这对改善你与孩子的关系大有帮助！

当你的下层脑被激怒时，如何做才能唤醒上层脑？有没有什么方法可以使你先暂停一下，三思而后行呢？

下面是一种我们在研讨会中常常使用的方法：

> 每天晚上睡觉之前，当你感觉最平静、最放松的时候，将手放在胸前，花几秒钟感受自己平和的心情，没有任何焦虑，没有任何压力。
>
> 持续一周这样做。
>
> 然后，下次你因为孩子感到焦虑的时候，就采用这种姿势。不必躺下，只需要把手放在胸前深呼吸。这个动作能很快帮助你冷静下来，并且控制住自己的情绪。
>
> 这种姿势将身体与平静和安宁的感受联系在一起，这是因为神经元被“点燃”了，并联结在一起。这意味着只要你做出这种姿势，随时可以激活那种放松的心态并舒缓整个神经系统。

现在花几秒钟再尝试一下。把手放在胸前，闭上眼睛，抛除一切杂念。慢慢地呼吸，你会感到焦虑和紧张都在慢慢地消失。从现在起，每个晚上练习，只要感觉到下层脑被激怒，就使用这个小技巧来控制它吧。

这是使你的大脑恢复到整合状态的一种行之有效的方法。可能你曾经使用过其他方法，或者也听说过一些。那么还有什么方法可以让你在情绪风暴中唤醒上层脑？比如从 1 数到 10，说出孩子的 3 个可爱之处，或者把你的情绪描述出来等。在下面列出一些你尝试的方法：

____

____

____

____

你可以从上面所列的或我们的方法中选择 1 ～ 2 个，并承诺从今天开始练习。熟练掌握新技能需要时间，所以要给自己尽可能多的练习机会。

全脑教养第 4 法 THE WHOLE-BRAIN CHILD WORKBOOK

越用越灵光：锻炼上层脑

获得成功所需的能力大部分都是在上层脑形成的，所以父母都希望能够好好地培养孩子的这部分大脑。在孩子遇到困难时，除了帮助唤醒孩子的上层脑，还应该寻找锻炼孩子上层脑的方法。

在本章开始时，我们简要介绍了上层脑的功能（如果需要，请参考《全脑教养法》相关章节，我们在其中有详细讨论)。现在想想如何锻炼孩子大脑的这些功能。在表 3-6 中，我们为每个功能都提供了一个可采取的方法。阅读我们的示例，想想你是否可以想出其他 2 种方法。

表 3-6 锻炼上层脑功能的方法

功能	方法 1	方法 2	方法 3
明智决策	让孩子在日常决策中有更多发言权，例如挑选衣服和选择活动，但要在合理范围内		
控制身体和情绪	为孩子示范情绪是如何影响我们的身体的，可以通过告诉孩子“我”的感受，以及“我”是怎么注意到情绪影响了“我”的身体来示范		
自我理解	写一本亲子日记，与孩子彼此审视，在这里可以问问题、分享愿望、解释感受等		
共情力	在讨论一天中哪些时刻开心，哪些时刻沮丧时，再加一句：“你今天是如何表现友好的？”		
道德感	在家庭用餐时，讨论共同的话题，如时事、体育人物、新闻头条等；鼓励孩子参与讨论		

大脑就像肌肉，越练越发达。负责共情和决策等技能的肌肉也是这样的。孩子练习得越多，他越有可能学会用负责的、尊重他人的、体贴的方式做出回应。当然，这种做法也适用于父母的大脑！

图解全脑教养第 4 法 THE WHOLE-BRAIN CHILD WORKBOOK

避免直接给出答案

锻炼上层脑

像我这样做

我们总是会自我提醒：我的行为为孩子做了怎样的示范？当你教育孩子要诚实、慷慨、善良和尊重他人的时候，希望他们看到你也在身体力行地以这样的价值观生活。父母对孩子的示范作用无论好坏，都将明显影响孩子上层脑的发育。

重视上层脑的功能吧，因为它与你的生活息息相关，你的所作所为也被孩子看在眼里。仔细考虑自己做的决策，更好地控制身体和情绪，提升自我理解的能力、共情力和道德感。在下面的空白处，列出你在以上方面为孩子树立的好榜样，也可以是其他对孩子有帮助的方面。

如果认为有需要改进的地方，就下定决心开始改变。记下你需要做的事情，以及可以帮助你的人和那些为改变所采取的行动。把它们写下来就是在唤醒你的上层脑。

有意识地对行动进行思考，所产生的作用是巨大的。请分别用两种颜色的笔写下进展顺利的地方和有所改进的地方，这将是一种缓解情绪和身体压力的好方法。

全脑教养第 5 法 THE WHOLE-BRAIN CHILD WORKBOOK

运动改造大脑：让脑子活起来

研究证明，在我们意识到自己有压力前，我们的身体就已经发出了信号。比如在我们意识到紧张之前，我们翻腾的胃、收紧的肩膀和加快的心跳就已经把焦虑的身体信号发送给大脑了。这对孩子来说是一样的。

鼓励孩子通过运动或放松来调整身体状态，使他的身体减少一些紧绷感，就能够向上层脑传递冷静的信息。在这种情况下，他的身体和大脑就能更好地处于一种整合状态。

当然，这种运动策略不只适用于孩子。“运动改造大脑”也非常适合父母在感到不知所措或压力山大时使用。《全脑教养法》第 3 章末尾的“整合我们自己”部分对此有详细的描述。

图解全脑教养第 5 法 THE WHOLE-BRAIN CHILD WORKBOOK

避免命令和要求

尝试运动改造大脑

父母版“运动改造大脑”三步走

我们都有被下层脑控制的时候，“失控”地做一些不该做的事，说一些不该说的话。在养育孩子的高压情景下，父母会犯错，所有人都有可能会犯错。

但请记住：养育危机也是帮助父母成长和整合的契机。你可以利用自己失去控制的时刻，为孩子做出自我调整的示范。幼小的孩子正盯着看你如何让自己平静下来。你的行为将成为他们的榜样：教他们在情绪激动、有失控倾向的时刻做出正确的决定。

所以，当你意识到自己被下层脑控制，开始丧失理智的时候，应该怎么做呢？

首先，不要伤害孩子。闭上嘴，避免说出会让自己后悔的话。把手放在背后以避免任何粗鲁的身体接触。当你处在下层脑的时候，要不惜一切代价保护孩子。

其次，跳出当时的情景，让自己平静下来。喘口气绝对没问题，更何况这意味着保护孩子。

再次，尽管这听起来有点儿傻，试试运动改造大脑策略。做做分腿跳，试试瑜伽伸展运动，来一个缓慢的深呼吸。在杏仁核劫持了上层脑的时候，尽一切努力帮助上层脑夺回控制权。这不仅可以让自己进入一个更加整合的状态，而且可以给孩子示范一些快速调整自我的小技巧，让他们自己也能用。

最后，修复。尽快！一旦你觉得平静下来可以控制自己了，要马上和孩子重新建立联结，然后再处理情感和关系上的伤害。这可能需要你表达宽恕，也需要你道歉并且为自己的行为负责。这一步要尽快进行。你与孩子的联结修复得越快，你就能越早重获情感平衡，并重新享受亲子关系。

假装，直到你成功

当孩子感到焦躁不安时，运动改造大脑策略也是非常有效的。例如，上幼儿园的孩子害怕去看牙医或者不敢去上钢琴课，你可以和他说："当你勇敢地做一件事的时候，你的表情是什么样的呢，又会怎样去行动呢？"你和孩子会发现，假装勇敢也能产生真正的勇气。

如果你 9 岁的孩子在与哥哥发生争执后很难平静下来，或者对即将到来的学校考试感到特别紧张，你可以说："假如你是一根又湿又重、软绵绵的面条，你的身体会是什么样的呢？"在沙发上或者地板上都可以做出一些姿势。当身心联结在一起时，改变姿势，情绪也会发生改变。

听起来有点儿令人难以置信？赶快尝试一下吧。摆出以下姿势，看看姿势是如何影响你当时的情绪和心情的：

- 勇敢的姿势。
- 软绵绵的身体。
- 愤怒的表情和身体动作。
- 脸上充满兴奋的笑容。

进行完此项练习后，你注意到了什么？你的心情有变化吗？ 你的身体感觉有什么不同吗？ 你的情绪状态如何？在下面详细说明你的感受：

____

____

____

____

____

____

____

____

____

这样的练习做得越多，越容易为孩子树立榜样。同时，更容易了解大脑是怎样影响我们的日常生活的，进而对孩子也就会有更多的了解。

THE WHOLE-BRAIN CHILD WORKBOOK

全脑儿童 | 帮助孩子理解上层脑和下层脑

当孩子了解了大脑是如何工作后，与他们进行有关行为和情绪的交谈不再像是在进行人身攻击，倒像是在协作解决问题。下面这幅全脑儿童的插画使孩子更容易理解上层脑和下层脑的不同。

你的下层脑和上层脑

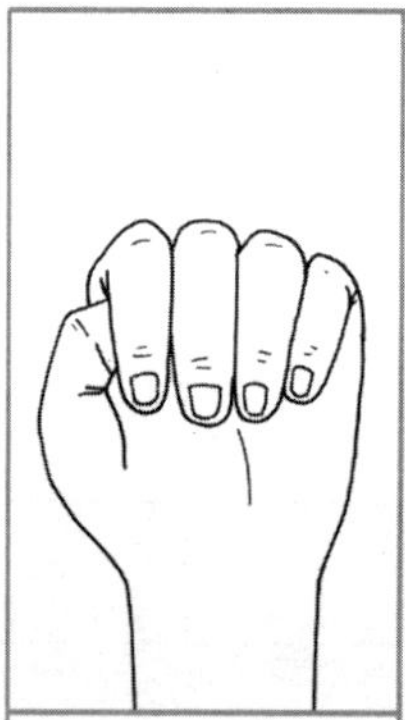

◆ 像这样握紧拳头，我们把它叫作大脑的拳头模型。还记得你的大脑分左边和右边吗？你的大脑也分上层和下层。

◆ 通过使用上层脑，即使是在非常心烦的时候，你也能做出合适的决定，做正确的事情。

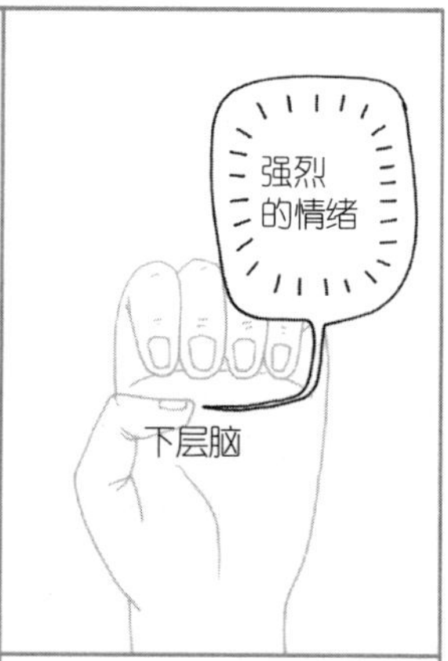

◆ 现在把你的手指抬起来一点儿，看见你的大拇指在哪儿了吗？这就是你的下层脑，它是强烈情绪的发源地。它让你关心他人，感受到爱，也让你心烦意乱。

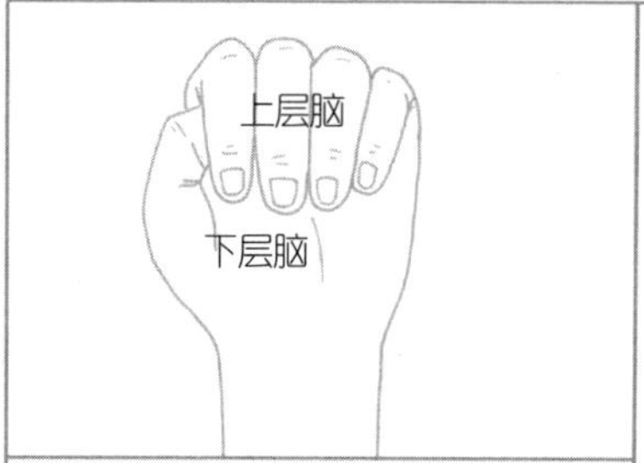

◆ 感觉心烦意乱没有错。把你的手指重新握紧。看到了吗？代表思考的上层脑碰到你的大拇指了，所以它可以帮助你的下层脑冷静地表达情绪。

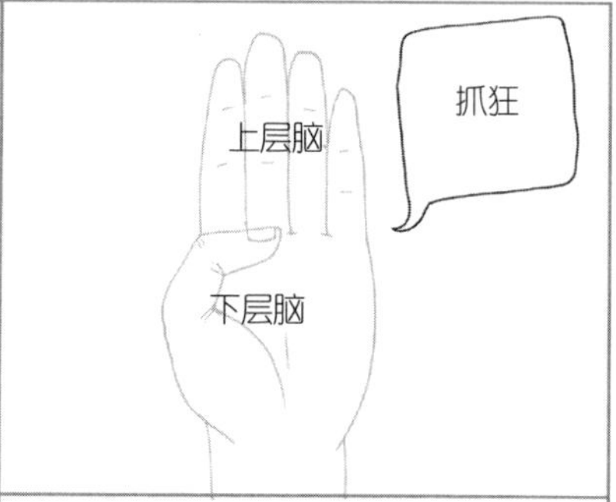

◆ 有时候你非常烦躁，可能会“抓狂”。伸直手指，看，你的上层脑不再跟下层脑接触。这就意味着上层脑无法帮下层脑冷静下来。

案例

◆ 妹妹弄坏了杰弗里的乐高积木塔。他开始抓狂，想朝妹妹尖叫。

◆ 但是杰弗里的父母教过他，如果让上层脑掌控下层脑，就能让自己平静下来。尽管杰弗里很生气，但是他没有朝妹妹大喊大叫，而是告诉她自己很生气，让父母把妹妹从他的房间里抱出去。

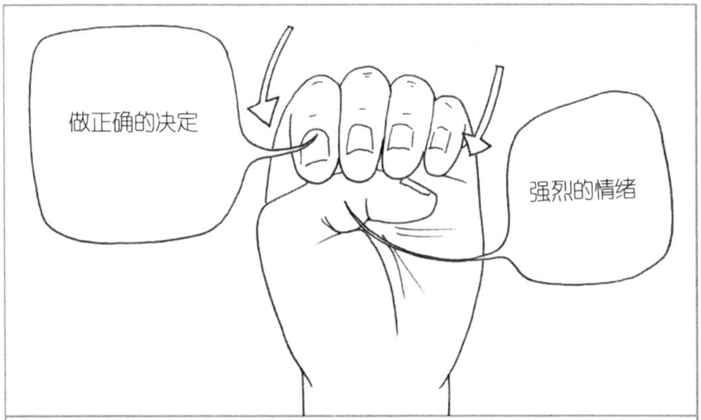

◆ 所以，下回你感觉自己的情绪要爆发时，用拳头做一个大脑模型。记住这是一个大脑模型，而不是愤怒的拳头！把手指伸直，然后慢慢放下来，让它们盖住你的大拇指。这会提醒你运用上层脑来平息来自下层脑的强烈情绪。

看完上面的解释后，再帮助孩子理解上层脑和下层脑是如何影响行动和思考方式的。下面这些问题可以帮你跟孩子开展一场长久的谈话。

- 你是否会感觉到，有些你心里想做的事情，你的身体会因为感到不安而不同意你去做？
- 还记得那天晚上我对你生气、大喊大叫吗？那是我的下层脑“劫持”了我的上层脑！当我冷静下来时，我感到非常抱歉并向你道歉了。你和你朋友发生过这样的情况吗？
- 什么事情会让你抓狂呢？是你的姐姐吗？她做了什么让你感到抓狂呢？
- 在我感到焦虑不安的时候，我会向你爸爸诉说，这让我的下层脑可以平静下来。但如果他很气愤并且没有耐心听我讲的话，我的下层脑就会抓狂！在你感到焦虑不安的时候，我和你爸爸有没有做过让你的下层脑抓狂的事情？

以这些对话为例，写下你最近和孩子之间发生的下层脑“劫持”上层脑的情况，并从上层脑和下层脑的角度审视它。有哪些观点可以帮助到你和孩子之间的交流呢？

和孩子进行这种公开谈话会让他们感到轻松并且没有压力。他们知道，即使负面行为已经发生，父母依然爱他们，同时父母还会帮助他们学会用更好的方式应对这种情况。

与孩子一起制作大脑模型

与孩子谈论大脑这件事需要尽早开始，对于3岁的孩子，可以用亲手制作的大脑模型来解释，这非常有用。当孩子五六岁的时候，可以按照下面的方法和孩子制作模型，他们是非常乐意和父母一起完成这个活动的。实际上，做模型不仅是陪伴他们的一种方式，也是增强孩子自我认识的一种方式。

你可能需要旧杂志、蜡笔、油漆、钢笔、剪刀、胶水、纸张，还有一些装饰性物品，如闪闪发光的东西、贴纸、绒球等。

可以使用手工制作的大脑模型和《全脑教养法》中的插图，来给孩子讲解大脑的各个区域和基本功能。你可以要求孩子画一个他心中的大脑，可以画成房子的样子，有上下两层楼，还有一个虚拟楼梯。用旧杂志、贴纸及自己画的图画装饰下层脑。还要考虑当下层脑与上层脑无法联结时，需要用哪些东西填充。

下层脑可能包括：

- 强烈的情感色彩，如愤怒的红色、恐惧的蓝色、悲伤的灰色……
- 失去自我控制的小动物或者小人儿，如害怕的小狗、咆哮的狮子、哭泣的婴儿……
- 当他们被困在下层脑时，他们的身体感觉，如像火山爆发一样，像刺猬一样缩成一团……
- 回忆起他们不喜欢的事情的感觉，如看医生令他感到紧张，从自行车上摔下来感觉害怕……

下层脑完成后，再要求孩子去完成上层脑。如果楼梯被阻挡了，孩子被困在了下层脑，他们会选择什么东西来帮助自己呢？就像这类问题："当你感到愤怒时，什么可以让你平静下来呢？""当你害怕的时候，什么可以让你感到安全呢？""当你感到不舒服的时候，什么东西可以让你感到舒服呢？"

他们可能会有以下回答：

- 妈妈的照片，洗个热水澡，喜欢的毛绒动物。
- 安慰的拥抱，爱或亲吻之类的词。
- 回忆最喜欢的地方，如海滩或奶奶的房子。
- 锻炼、冥想，或做一只冷静瓶。

制作大脑模型有助于孩子上层脑和下层脑的整合。孩子在创造、讨论和思考哪些图片放在何处以及需要什么以使自己感觉更好的时候，就是在锻炼上层脑。想想自己在失去控制和无法冷静时的感觉有助于孩子更加了解自己的下层脑。

大脑模型做完后可以将它摆在自己的房间里。在孩子失控大发脾气的时候看看它，也不失为一种调动上层脑的完美方式。

The Whole-Brain Child Workbook

4

给孩子创建完整的心理拼图
整合记忆

有时候父母会希望孩子简单地将经历过的痛苦经验“忘掉”，但孩子真正需要的，是父母教会他们以健康的方式整合内隐记忆和外显记忆，将痛苦的体验转化为力量与自我理解的源泉。

——《全脑教养法》

通常，当我们谈论记忆时，大多数人指的是外显记忆——我们明显意识到的记忆。例如，女儿第一次走路的样子，去年的暑假，儿子从树上掉下来摔断手臂的那一天。

在《全脑教养法》的第 4 章中，介绍了我们意识不到的一种记忆——内隐记忆。即使我们无法明确想起这些记忆，它们也可能对我们的生活产生重大影响。实际上，这些内隐记忆帮助塑造了我们对自己、他人以及整个世界的认知。可以说，某些内隐记忆可能比外显记忆对我们的生活影响更大，因为我们无法回想内隐记忆，所以无法理解它们。内隐记忆影响着我们的情绪、行为、认知甚至身体感觉，有积极的，也有消极的。换句话说，内隐记忆会影响我们当下的感觉和想法，但我们意识不到这种影响其实来自过去。

如果孩子有过痛苦的经历，那么他对这件事的记忆很有可能存在于内隐记忆中。但往好处想，你可以通过与孩子交谈来回忆这些内隐记忆，使内隐记忆变成外显记忆。这样一来，你就为孩子打开了一扇门，让他了解并探索自己的情绪、行为、思想甚至身体反应。如果你或孩子的生活中发生了令人非常痛苦或恐惧的事情，那么看心理医生也许是缓解创伤的一种有效方法。其实在大多数情况下，父母能给孩子最好的礼物就是帮助他把内隐记忆外显化。

让我们来快速回顾一下外显记忆和内隐记忆的区别（见表4-1、表4-2），以及在生活中的案例。

表4-1 外显记忆

外显记忆	例子
回忆特定的记忆，可以是真实发生的事或是读到的故事，令你在特定的时间点产生了某种感受	“上周，我看见女儿走了三步路就失去平衡而摔倒了”； “昨晚我匆忙把孩子送到了医院，但是由于堵车，他妈妈很久之后才赶到”
特意回想一段经历，并能意识到这段记忆来自过去	“这个假期我最喜欢的活动就是我们去采摘蓝莓”； “整个旅行中孩子们都相处得很好，即使在我们被大雨困在屋里的时刻也是如此”

每一天内隐记忆和外显记忆都是同时工作的，即使我们不知道是它们一直在影响我们。通常，是内隐记忆在描绘现实。

表4-2 内隐记忆

内隐记忆	例子
是我们在过去经历的基础上形成的心理模式或对外界的期望，它同时影响着我们当前的感受、思考方式、信仰甚至看待事物的方式	受伤大哭令我有安全感； 如果我说“请”和“谢谢”，意味着这些人很友好，我也感觉很好； 心烦意乱时，会有人安慰我； 看电影时我们会吃爆米花
在遇到或感知到危险时，不用主动回忆之前类似的事件，我们自动就会做出反应或快速回应	在路口我会停下来看一下再过马路； 先检查水烫不烫再洗手； 下楼那一刻脚会同时迈出
不需要思考就能产生的想法、情绪、感觉和行为	爷爷来了，我很兴奋； 我很怕狗，一见到它就会心跳加快、全身僵硬； 我知道怎么骑自行车； 我很擅长数学

想了解孩子从过去的经历中都吸收了哪些东西，并帮助他们厘清思路、感受和情绪，这些都需要父母花上一些精力才能做到。但是我们可以加强对内隐记忆和外显记忆的了解，为孩子提供他们所需的信息，帮助培养他们的韧性、对事物的理解能力以及成熟稳重的性格，让他们能够应对生活中的挑战，克服那些下意识的反应。

什么样的内隐记忆可能会影响孩子

孩子都会有无理取闹的时候。但是，当你发现孩子的行为不同寻常甚至有些极端时，很有可能是他的内隐记忆正在活跃，影响他此时此地的行为，并且他可能正通过这种方式在寻求你的帮助。

在第 3 章中，我们曾让你考虑过孩子发脾气的原因。现在，我们需要你回答一个类似的问题，关于他的某些记忆，这些记忆中包含了一些可能会引发问题的事件，如在外过夜、上游泳课、玩刀具……孩子由此产生了一些特殊行为。他可能会出现特别抗拒、回避、退化、恐惧、出乎意料的强烈反应，所有这些无法解释的行为都是一种信号，表明内隐记忆影响了孩子的行为。

图 4-1 是 6 岁的奥利维娅的真实经历，她是我的一位客户的女儿。阴影框表示储存在内隐记忆中的无意识的情绪或者想法，白框表示孩子的外显记忆和经过思考后的想法。

如你所见，奥利维娅产生了许多想法，但她唯一意识到的就是她很害怕停车计时器，她希望成年人可以避开它们。好在奥利维娅的妈妈对内隐记忆中无意识的情感过程很熟悉，她仔细分析并跟女儿聊了这件事的每个环节，最终让女儿对这件事有了新的认识。随着时间的流逝以及妈妈耐心的开解，奥利维娅认识到她真正害怕的不是停车计时器，尽管整个经历对她来说很可怕，但那已经过去，她有办法理解并控制自己的焦虑与害怕。

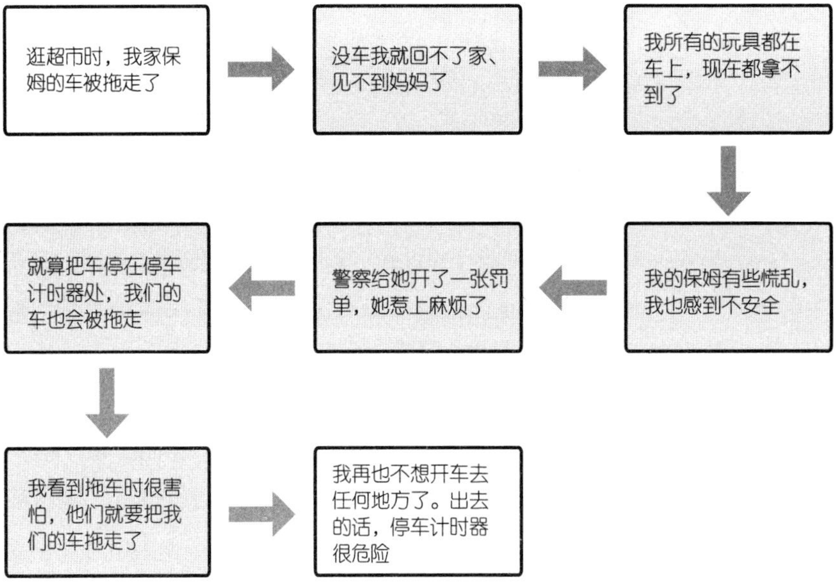

图 4-1　奥利维娅的外显记忆和内隐记忆

是否存在可能影响孩子的无意识的想法和内隐记忆？是否有过那么几次，你注意到孩子的行为比平时更加激烈、不同寻常、不理智？当你回顾这些时，有没有猛然发现这些行为其实和内隐记忆有关？

例如，孩子对上学、学习新技能、听到特殊声音等事情有过度反应，以前喜欢做的事情突然不喜欢了，比如去海边、骑自行车、晚上上床睡觉……

当孩子表现出挑战行为时，你的第一反应不太可能是找到内隐记忆。你最有可能先想到他是不是饿了、生气、孤单或者疲倦，并通过满足他的这些需求来帮助他。

但是，帮助他们回忆过去的经历就是帮助他们了解现在的自己。这能够帮助他们理解并控制自己的想法、感觉和行为方式。

想一想孩子可能会做出的极端行为，并写在下面：

____

____

____

____

现在请你安静地坐一会儿。在坐着的时候，想想如何解释孩子的这些不当行为。把所有你认为可能导致孩子出现这些行为的原因都写下来。回想一下你们两个之间的对话、孩子问过的问题、讲过的大小事件，尤其是那些在他行为突然改变之前发生的事情，这些或多或少都有着直接关系。再用前面学到的新知识进行复盘，看看有什么不同寻常之处凸显出来。下面是一个示例，可以让你更加明白我们的意思：

> 最近我的女儿真的很生我的气，我也不明白为什么。我想到了一个原因：可能是我最近在医院待了一个星期，她从来没有如此长的时间见不到我。在我住院的第一个晚上，我的妻子也需要在医院陪我。女儿第二天早上醒来时，发现在她身边的不是妈妈而是奶奶，

这令她有些害怕。之后，妈妈因为不得不把时间都花在照顾我上而忽略了女儿。我想她可能因此有点儿埋怨我，是我让她和妈妈分开了一段时间。

当然，不是所有情况都适用于此种解读。只是，也许有这么几次，你需要陪着孩子回顾一下过去的某个艰难时刻，并帮助他复盘。现在，看过我们的举例后，也请你写下对孩子异常行为的解释：

____

____

____

____

通过拆解这些事件可以让孩子了解到他的内隐记忆会引起错误的想法，也可以帮助他从一些错误的行为模式中挣脱出来。

同样，这也适用于家长。在继续谈论孩子的记忆之前，先让我们看看记忆是如何影响父母的。

什么样的内隐记忆可能会影响你

请先花 1 分钟时间思考一下：在哪些时刻，你会感到特别焦虑、愤怒或者极其抗拒做某件事？如果这些时刻特别多，已经与实际情况不符，很可能正是内隐记忆控制了你的实际反应。或者，也许你也不确定是怎么养成这些习惯的，也不知道原因何在。如果你不清楚自己为什么会这样，那很可能与内隐记忆有关。

表 4-3 提供了一些例子。看完所有内容后，想想你自己的经历，其中是否有一些导致了你目前的行为或想法？当你还没感受到将内隐记忆与行为联系起来的好处时，最简单的做法就是描述一个你当前的行为或思维模式，将你猜到的可能有关的事件或经历与之联系起来。

尽力而为吧，你对这些长期被遗忘的记忆了解得越多，它们就会变得越来越清晰，成为外显记忆。然后你也可以把散乱的记忆碎片拼接起来，更好地了解自己的行为、情绪和身体感觉，摆脱内隐记忆的操控。

表 4-3　小时候的内隐记忆对成年后的影响

当前的思想或行为	小时候的事件或经历	内隐记忆
我不喜欢自己的身材，也不喜欢自己。我特别关注外表和饮食	小时候，我妈妈经常抱怨自己的体重，并且对自己的身材很不满意	女人就应该瘦瘦的，胖起来是很难看的。只有当自己苗条好看时才感到快乐
我在生活中的很多方面都害怕冒险。我也很想要替孩子扫除一切障碍，这样，孩子就不用冒任何险了	小时候受过一次伤，我的父母因此变得极其谨慎，他们为了避免我再次受伤会限制我玩耍，还不断叮嘱我要小心	我不擅长评估风险。我照顾不好自己。我和孩子讨厌冒险，这对我俩来说太危险了

内隐记忆常常也会带来积极的行为和想法。但是，当某一行为对你或家人造成负面影响时，仔细观察那些不好的事件留下的尚未整合的内隐记忆会对你有帮助。

全脑教养第 6 法 THE WHOLE-BRAIN CHILD WORKBOOK

思维遥控器：重演记忆

提到孩子的记忆或我们自己的童年记忆时，有一点很重要：令人烦恼的经历并不一定总会形成有害的观念。他们可能很简单，如骑自行车摔倒、被商店洗手间烘干机的巨大声音吓到或被别人嘲笑，重要的是孩子如何对待这些经历。换句话说，最重要的是让孩子拥有一个健康的大脑，可以整合不愉快的记忆。

促进记忆整合最有效的方法之一就是讲故事。我们已经提到了一些讲故事的有效策略（分享经历，制作一本故事书，创建一个拼贴画……），这些策略有助于整合左脑、右脑以及上层脑和下层脑。

有些时候，孩子如果遭遇了一段特别痛苦的经历，他可能还没准备好去谈论整段记忆，这是引入“思维遥控器”的好时机，用这种方式可以快退、快进或暂停故事。在孩子重启一段不愉快的记忆时，思维遥控器可以给孩子带来一些控制感。他在跟父母讲述时会更加自在，因为他随时可以跳过不愿意谈论的那部分。

你自己也可以试一试这个方法。回想一个过去的艰难时刻，对比一下此事发生前后你的不同状态，若你脑海中记起了所有细节，就可以创建一个像下面这样的时间表（见图 4-2）。

图解全脑教养第 6 法 THE WHOLE-BRAIN CHILD WORKBOOK

避免快进和遗忘

重演记忆

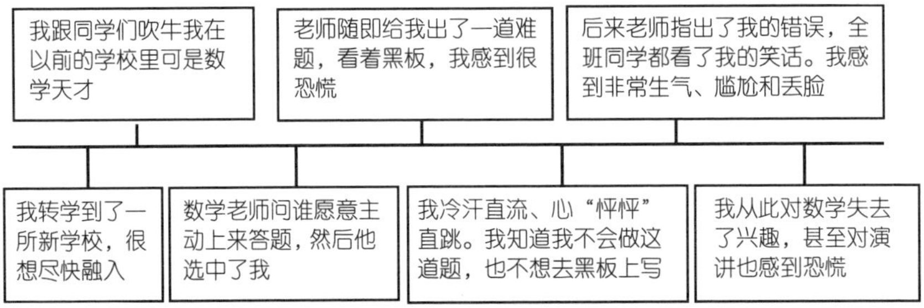

图 4-2 “艰难时刻”的时间轴

从该示例中我们可以看到，从来到一所新学校并尝试适应，到得出结论——对数学失去兴趣、对演讲感到恐惧，这期间有很多记忆时刻。现在你已经了解了思维遥控器，可以试着讲述自己的痛苦经历了，那些你不愿意面对的部分，可以暂时跳过，也可以在你准备好的时候再面对。

在下面的空白处创建自己的时间轴，可以用任何你想要的方式来展现。你只需填入详细的记忆，然后使用思维遥控器来讲故事就可以了。

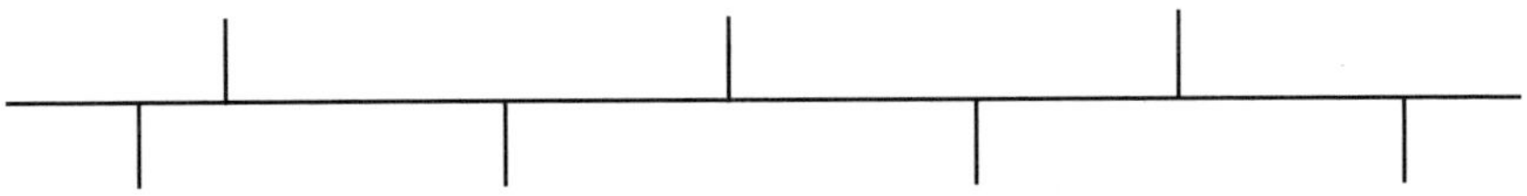

可能有些尴尬时刻你到现在还依然无法释怀。在你重演记忆时关注那些令你痛苦的事件。一切都随你，快进、倒退、暂停都可以。

帮助孩子讲故事

和孩子一起回顾某件痛苦的事件同样是非常有效的一种锻炼方法。除了“思维遥控器”，你还可以试试其他方法：

记忆跳房子。在一张大纸上画出一个类似跳房子的时间轴，让孩子在他的记忆中跳房子，跳过他现在想回避的事，落在他能轻松谈论的事上。当他感觉已经准备好了时，他可以跳回并落在他回避的事上，直到他对整个记忆都越来越满意为止。

糖果乐园回忆。创建一个类似《糖果乐园》(*Candy Land*)① 这样的棋盘游戏，孩子可以根据他的需要在棋盘上随意移动：可以选择跳过、前进或后退，也可以长时间地停留在一处……

进行记忆控制的好处就在于，你不是在更改实际发生的细节，而是选择何时关注这些细节以及如何关注它们。给自己选择权会令理解记忆和逃避回忆产生巨大差别。

联结记忆碎片

联结记忆碎片是另一种帮你搞懂内隐记忆的有效策略。在《全脑教养法》中，我们将内隐记忆比喻成散落的碎片，需要用海马拼接起来，这就像组装一个记忆内存板一样。我们需要将内隐记忆带入意识层面，转化成外显记忆，才能将所有碎片组合成一幅简单明了的画面。

现在，请立刻开始做这件事吧。把过去经历中的散落的碎片组合成一个既连贯又简洁明了的画面。在与孩子一起练习前，请你自己先尝试一

①《糖果乐园》，一款美国经典棋牌游戏。——编者注

下。如果你认为自己缺乏艺术天赋，也没关系，因为它无关对错。它主要是为了帮我们弄清楚自己的记忆，尤其是那些特别的经历。

选择发生在很早之前而且对你意义非凡的一次经历。如果可以，尽可能地选择比较痛苦的经历，因为越是情绪波动剧烈的回忆，你越能从联结记忆这项练习中获益。下面是具体的行动步骤。

第一步，收集物品。

- 一张厚纸（纸板，卡片纸，海报板或类似纸张）：纸张大小由你来定，越大的纸越容易剪裁。
- 粗线、绳或纱：绳子要足够粗，即使在远的地方也能够看清楚。
- 胶水（或胶枪）：它们是非常方便有用的工具，可以从商店买到。如果没有的话，任何类型的胶水都行。

第二步，感受这段经历。在空白处写下你当时的感受，可以是感觉、图像、心理感受、想法、信念、愿望、气味、声音……把事件发生前后的所有信息都包括进来。如果你需要的话，可以再多写一张纸。

你会惊讶地发现有如此之多的信息纷纷涌现，彼此毫无关联，但先不要急于整理！此时虽然你正在回想那些内隐记忆，但你还触及不到它们，因为这些记忆来自过去的经历，当记忆碎片刚涌入你的意识层时很可能显得毫无逻辑，你写在纸上的是一些图像、感觉，你甚至可能都不知道为什么写它们。就跟着直觉走吧！因为理性的思维无法说出为什么选择它们。不管怎样，先把涌现在你大脑中的信息写下来。等到你开始组装你的内存板时，再来决定要保留什么内容。

第三步，收集记忆符号。尽可能多地收集能代表每种记忆的物品。最简单的方式是从杂志上剪下文字或图片，如果你想更具有创意，也可以添加以下内容：

- 曾经读过的书。
- 以前喜欢的一件旧衣服。
- 电影票。
- 旧照片。
- 压花。
- 能令你回忆起那段时间的话语。
- 歌词。

最重要的是，找到那些既能代表过去经历又能描述现在的你的符号。

就像无意中发现了被孩子遗忘很久的玩具一样，对代表特别事件的符号描述得越具体，你内心产生的情感就会越丰富，甚至你可能会想起更多已经被遗忘了的记忆。

收集完所有记忆符号后，在纸的最左侧写下这段经历，在最右侧写下现在你的特征。别忘了某些内隐记忆也会包含一些外显记忆的要素，它们好像也来自过去。但没关系，你只要把这些经历碎片都组合成一幅画就好了。

现在，用你收集的这些东西把所有记忆串联起来，形成一个记忆时间轴（见图 4-3）。你可以自行决定每一个记忆符号的位置。它可以不是传统的时间轴，画直线还是曲线都由你决定。一些符号可能挤作一团，一些可能绕成一个圈，还有一些相距甚远，留下大面积空白。

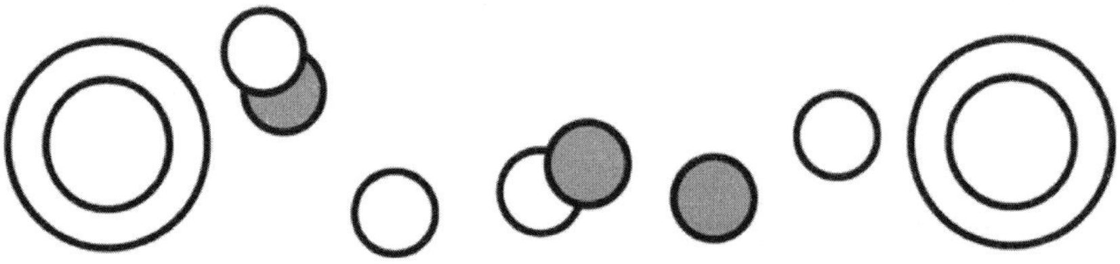

图 4-3　记忆时间轴

多留意这些记忆带给你的感受，以及你是如何感受到的。它们是按照顺序出现的还是混作一团冒出来的？是不是有一些记忆相互之间有直接联系，也有一些记忆毫不相干？再强调一次，当你对所有记忆符号的位置都满意后再开始粘贴，粘好后再回看一下。

你可能重复好几遍才会觉得每个符号都待在了“合适”的地方，才能开始讲述“故事”。这个时间轴就代表了你的内隐记忆和外显记忆。时间轴开始于你的痛苦经历及所有的记忆碎片，结束于有意识的思想、经验和情感。通过把记忆符号放置在“过去”和“现在”之间的适当位置上，记忆时间轴就创建好了。

第四步，串联记忆符号。当所有的记忆符号都放在了该放的地方，也被粘贴在纸板上后，接下来，用绳子开始串联和整合它们。用胶水将绳子的一端粘在最左侧的事件上。沿途把所有记忆符号串起来，最后把绳子的末端粘在象征现在的自我的符号上。

在这个过程中，请思考一下：哪些记忆是外显记忆而且很容易联结？哪些记忆是内隐记忆且会触发你的想法？为了更清楚地观察，你可以将外显记忆用一种颜色的绳子连起来，内隐记忆用另一种颜色的绳子连起来。也可以用几股绳子连接不同的记忆，如较久远的记忆用一种颜色，那些清晰的好像昨天发生的记忆用另外一种颜色。

既然你已决定创建自己的记忆内存板，无论内存板最终是什么样子，你要做的只是在所有记忆符号中穿梭，找到那段令你感到痛苦的经历。如果内存板有助于你对这些情感、图像、感觉和思想进行分类，那很不错！如果你能通过利用内存板使上述这些情感、图像、感觉和思想同时工作，那简直完美！没有对与错的标准之分，你要做的就是给自己留一个精神空间来思考内隐记忆和外显记忆。对你来说，制作记忆内存板正是将内隐记忆进行整合并呈现出来的过程。这样做可以帮助你更清楚地了解记忆是如何产生的，以及它们是如何共同影响你当前的情绪、思想、图像和感觉的。最后，你的内隐记忆和外显记忆被整合在一起，那些痛苦的经历变得有意义，同时不再具有威力。

全脑教养第 7 法 THE WHOLE-BRAIN CHILD WORKBOOK

提问和鼓励：加深记忆

现在你已经了解了如何真正做到回忆起过去事情的所有细节，接下来让我们将注意力转移到孩子身上，帮助他们提升记忆力，使他们可以更好地集中在现在的事件上。

众所周知，大多数父母经常觉得需要挤出额外的时间、精力去运用育儿工具。但是，就像我们在《全脑教养法》中提出的其他策略一样，加深记忆策略仅仅要求父母每天有意识地投入与孩子一起度过的时刻中，利用这些时刻帮助孩子增强大脑功能并教他们掌握重要的生活和社交技巧。在这些时刻，你其实根本不需要绳子和胶水。

加深记忆策略可不仅仅是问孩子今天过得怎么样。

图解全脑教养第 7 法 THE WHOLE-BRAIN CHILD WORKBOOK

避免说“今天过得怎么样”

加深记忆

加深记忆策略就是每天设定一个正式的固定的时刻，让孩子练习讲述自己当天的重要体会。父母可以通过问具体的问题或举行仪式来帮助记忆细节，以及创造回忆的机会帮助孩子养成关注和回顾过去事件的习惯。这样做，不仅帮助孩子整合了内隐记忆和外显记忆，也让我们与孩子之间建立了更多的联结。

你想让孩子记住什么

几世纪以前的人们对自己生活中发生的事一清二楚，这是因为这些故事及家族历史通过歌曲、书籍和对话代代相传。随着时间的流逝，很多细节消失或者改变了，但那些重要的故事仍然被铭记。

如果你年龄够大，一定记得智能手机和数码相机出现之前的日子。但是，如果你的父母当时没有与你经常回忆某些时刻，也许你对那段日子的记忆会比较模糊。所以，在现在这个数字时代，我们应该确保孩子的记忆不依赖于这些数码产品。

在下一个练习中，请列出你希望孩子记住的重要事件。在表 4-4 中填入任何符合要求的想法。我们为你提供了一些示例，帮助你开始。

表 4-4　孩子记忆中的重要事件

类别	示例	事件
只有一次的家庭活动	家人婚礼； 最后一次见奶奶； 毕业典礼； 一次宗教活动	
家庭传统	家庭游戏之夜； 塔可星期二[①]； 露营旅行； 假期装饰房子	
重要时刻	一起建造树屋； 为动物收容所筹集资金； 帮助邻居筑篱笆； 去大峡谷度假	
生活中的幸福时刻	学习做千层面； 参加邻居家的猫主题聚会； 见证一场无安打比赛	

① 塔可星期二是美国的一种饮食文化。每个星期二，有许多墨西哥餐厅或是塔可（墨西哥夹饼）专卖店都会有常规性的优惠。这一习俗在许多城市都很流行，尤其是墨西哥饮食盛行的南加州。

作为父母，无论我们做什么，孩子对过去的经历都会有各种各样的记忆。但是，刻意练习记忆会帮助父母创造一个机会，帮助孩子了解对待自我及家人的方式，丰富亲子时光，教孩子理解看待过去的方式会影响他们的未来。

帮助孩子加深记忆

父母不一定要选择那些伟大、重要、沉重的时刻来记忆。研究表明，参与“记忆谈话”的孩子的记忆力会更好一些。记忆属于大脑活动的一部分，我们可以通过练习来使它变得像肌肉一样强壮。除了上面列出的重要事件外，在日常生活中想想有哪些加深记忆的技巧。当你叠衣服、在超市购物或者看医生时，你会采用什么样的“记忆谈话”呢？

《全脑教养法》中提供了一些方法：让孩子列出两件发生过的事、一件没发生过的事；每天晚上问问孩子什么时候最开心，什么时候最难过；还有为别人做了什么友好的事。一起看老电影和旧相册也是帮助孩子回忆过去发生的事情的一种好方法。

别忘了，每个孩子都是独特的个体。想让孩子回想起我们想让他们回忆的事件，什么样的方法才最有效？有的孩子可以很轻松地谈论白天发生的事情，但有一些孩子可能就需要给点儿鼓励。花几分钟时间列出可以刺激孩子自主回忆的方法。这有一些方法可以帮助到你。

1. **记日记。**记录每天发生的事情，写一些关于你的感受，周围环境以及其他注意到的事情。在晚餐或就寝时，与家人分享，尤其是经常跟你待在一起的家人。了解人们对同一件事的不同看法会让孩子大开眼界。

2. **画画。**让孩子用画画或写字的方式记录日常生活中发生的事情，重要的时刻以及记忆深刻的仪式。把这些回忆写在小纸条上，放在“记忆罐”中。吃饭时、坐车时、排队时就可以将这些记忆找出来重新体验一遍。孩子非常喜欢这项活动。

以上是我们提供的一些办法，你可以在下面写出自己帮助家人加深记忆的方法。

____

____

____

____

要帮助孩子习惯于了解自己的经历，教会他们如何回顾过去的事件并记住细节，向他们展示过去是如何影响当下生活的，这些都是整合孩子记忆的过程，有助于使内隐记忆转化成外显记忆。

你想与孩子留下什么样的回忆

当我们回忆过去的经历，我们也在不断创造新的记忆和家庭传统。我们可以有意识地这样做：通过创造一种常规的仪式感，来提醒自己那些最重要的事，如与家人相处、照顾自己及他人，任何可以与家人分享的东西。

例如，在蒂娜的孩子很小的时候，蒂娜会要求他们每年在感恩节时将自己感恩的事写在一张叶子形的纸上。久而久之，“叶子”越来越多，她把所有“叶子”拼在一起组成了一个花环，描绘着孩子所感恩的许多事物。

看着孩子小时候幼稚的笔记，读着他们感恩的事情，一定会出现一些回忆，受到一些情感冲击，这些美好回忆不仅是孩子的，也是蒂娜和丈夫的。这样有意义的家庭传统使蒂娜一家一起分享经验，这些分享时刻会在孩子长大后成为他们的美好回忆。

现在，请你思考如何与家人一起创造新的回忆及你们独有的家庭传统。首先，列出孩子将来可能会记住的家庭举办的常规活动。然后从较小的、每日或每周的活动开始，例如，睡前活动或周五家庭电影之夜。请在这里列出。

____

____

____

你也可以记录下那些不怎么频繁发生的活动，如在克里斯叔叔家过感恩节，或者学校放假前的最后一天在房顶上吃冰棍的活动。

____

____

____

你可能会惊讶地发现自己参加的传统活动比你想象的要多。还有哪些活动是你想一直保持下去的？请在下面空白处列出。也别忘了那些日常进行的、每周进行的，甚至季节性的活动。

我们不希望你只是例行公事地做这些事。而是以鼓励孩子思考他们过去的经历为目的，用连续的、有意义的事件来丰富亲子时间。除了使你和家人彼此之间更加亲密之外，这种有目的的活动还可以帮助孩子（和你自己）锻炼记忆力，最终使他们能够理解自己过去的经历，并从中受益。

THE WHOLE-BRAIN CHILD WORKBOOK

全脑儿童 | 帮助孩子把内隐记忆外显化

对于一个挣扎在过去经历中的孩子，最大的帮助就是重新讲述一遍发生的事情。讲故事之所以如此有用，是因为当过去的经验——内隐记忆，开始影响他当前的思想和行为时，讲故事可以帮助他理解大脑到底怎么了。

将记忆拼图拼起来

◆ 你的大脑能记住发生的事情，但并不是以一种完整的、连贯的方式，事情的细节像很多细小的拼图碎片一样在你的头脑里四处飘浮。
发生的事情是……
◆ 为了让你的大脑把这些拼图碎片拼成完整的图像，你可以把发生的事情讲出来。
◆ 如果是一件很开心的事，比如生日聚会，那么讲起来也会很开心。通过讲述这件事，我们就能记住这些美妙的时刻。
◆ 但是有时候，发生的事情让人很难过，我们可能不想记住它。但问题是如果我们不去想它，那些拼图碎片就永远不会拼在一起，有一天我们可能就会莫名其妙地感到恐惧、悲伤或愤怒。

案例

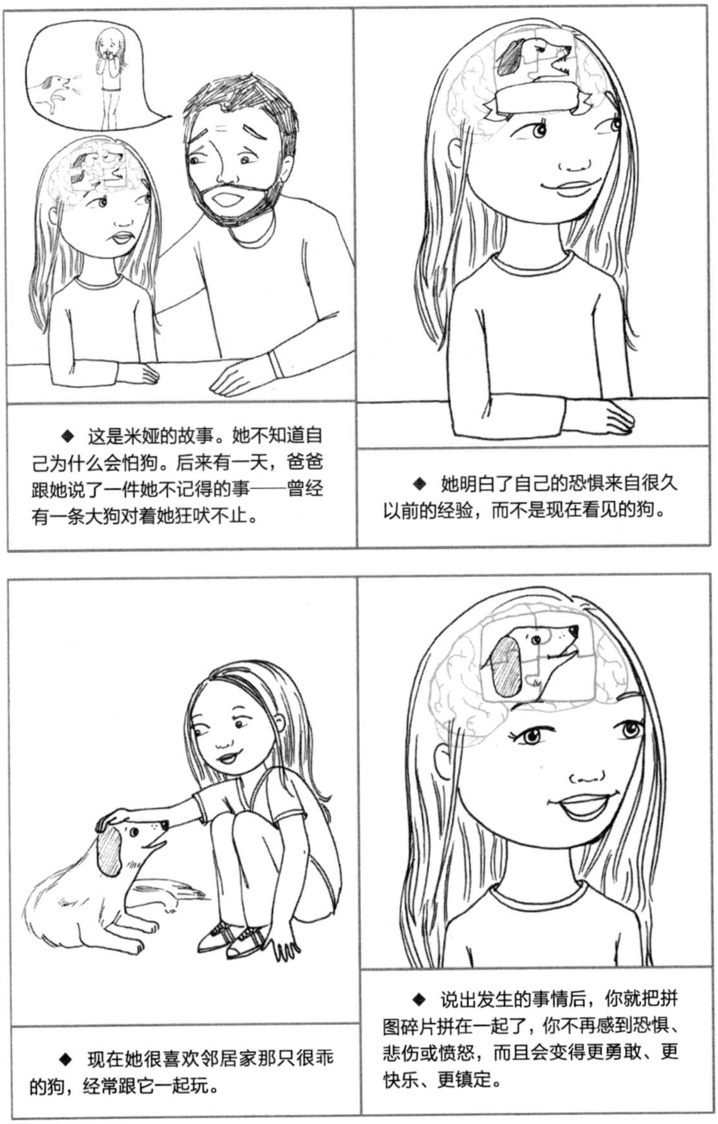
◆ 这是米娅的故事。她不知道自己为什么会怕狗。后来有一天，爸爸跟她说了一件她不记得的事——曾经有一条大狗对着她狂吠不止。
◆ 她明白了自己的恐惧来自很久以前的经验，而不是现在看见的狗。
◆ 现在她很喜欢邻居家那只很乖的狗，经常跟它一起玩。
◆ 说出发生的事情后，你就把拼图碎片拼在一起了，你不再感到恐惧、悲伤或愤怒，而且会变得更勇敢、更快乐、更镇定。

对于年龄较小的孩子，可以让他们了解到：现在的某些困扰他们的事可能正是来自内隐记忆或被遗忘了的外显记忆。如果你想与孩子讨论过去的记忆，一个比较好的方法是一起阅读《全脑教养法》中的插图。然后，在你感觉合适的时候再开始谈论。以下是一些有关如何开始谈话的示例：

你还记得那次我们在杂货店分开的事吗？从那以后，你就不愿意在奶奶家睡觉。我知道你认为两者之间没有关系，不过这有点儿像是拼图的两侧还在，但中间的部分却不见了。我敢说，如果我们把中间部分补上，你就不会再害怕了。想试试吗？

我最近注意到你对一些小事的反应很大。比如，历史考试时你忘了一些重要的日期，为此非常沮丧。你知道吗？有时候发生这样的事仅仅是因为你的大脑中存在一些你根本不记得的记忆。这些记忆会令你莫名感到生气、悲伤或恐惧，但是由于你不记得那些与之有关的记忆，你根本不知道这些强烈的情绪是从哪儿冒出来的。这是不是很奇怪？

你知道如何使用搜索引擎搜索信息吧？我们的大脑中有一部分区域叫作海马，就像搜索引擎一样。每当你遇到诸如帮我做饭、结识新朋友、乘飞机……的事时，你的大脑都会开始搜索那些与该经历相匹配的记忆。问题是，如果你的搜索引擎只能找到其中的一些记忆，其他部分记忆是被隐藏的，那么它就无法获得正确的信息。例如，如果你只记得和我一起做晚餐时烫伤了手，你可能就再也不想做饭了。所幸，关于这次经历，我们谈论过很多次，你记得自己烫手是因为粗心大意，再加上当时你也还很小。因此，当你的搜索引擎寻找有关做饭的回忆时，你就能意识到自己现在已经长大了，如果小心点儿，做饭会是一种有趣的而不是可怕的体验。

全脑儿童练习：制作一本回忆纪念册

用讨论不愉快的经历的方式来释放内隐记忆，不仅可以提升孩子掌控自己情绪的能力，也可以帮助孩子将更多的内隐记忆外显化。

你也许听说过关于制作一本“回忆纪念册”的方法。它可以帮助孩子记住一些重要事件的所有细节，否则这些事件会随着时间的流逝而被遗忘。也可以让你和孩子在开展有趣的活动的同时创建快乐的外显记忆。随着孩子慢慢长大，他可以自己创建更多的回忆纪念册。

你的纪念册可以是各种各样的，可以是自由形式的剪贴簿，也可以是比较正式的相册，只要能吸引你和孩子就行。先把所有对孩子来说有象征意义的物品收集起来，然后从中找出想要在这本纪念册中重点记录的回忆。

以最近的一次家庭度假为例制作纪念册，其中可能用到照片、捡来的贝壳、火车时刻表、餐厅菜单、马戏团演出票、地图或外币等。让孩子在每项物品下写上对它的描述，还可以添加一些注释，例如，他在哪儿，和谁在一起，他在想什么，他感觉如何，天气如何等。当孩子渐渐习惯于注意到事件的不同方面时，他不仅会更加了解过去的经历是如何影响自己的，还会保留下对这些特殊时刻更详细的记忆。

这不仅帮助孩子练习了“加深记忆”，通过内隐记忆外显化，孩子的记忆也得到了整合。

The Whole-Brain Child Workbook

5

让孩子更具有专注力

整合自我

通过转移注意力，我们可以不再受内在和外在因素的影响，转而成为主导这些因素的人。当我们意识到内在和外在的种种因素正在影响我们变化多端的情绪及力量时，我们就能了解它们，甚至将其作为自身的一部分去拥抱它们，同时不再允许它们指挥和定义我们。

——《全脑教养法》

父母给孩子最好的礼物之一就是教他们对自己和他人的想法有更好的理解能力，我们把这种能力称为第七感。这是我在另一本学术著作《心智成长之谜》（*The Developing Mind*）中创造的一个术语，并在我的畅销书《第七感》（*Mindsight*）[①] 中进行了详尽的探讨。第七感是让我们对自我和他人有更深刻的认识和理解的能力。在本章中，我们将重点放在第七感的第一个方面，即了解我们自己的心理。在第 6 章中，我们会着重讨论为什么让孩子学习从“我”到“我们”很重要。

在本章，我们将重点学习觉知环。我们先解释一下什么是觉知环（见图 5-1）。我们的内心可以用一个自行车车轮来表示，位于中心位置的是本源，本源辐射至外围。外围代表了我们能注意到或意识到的任何事物：思想、感受、梦想、欲望、记忆、对外部世界的感知以及身体感觉。

本源是我们心灵的内在部分，我们对内外事物的感知都来源于此。本

① 《第七感》以心理学理论为基础，通过解释大脑复杂的运作机制，讲述了心理和大脑的协同作用，该书简体中文版已由湛庐文化引进并策划出版。——编者注

源是对事物的感知，而外围是我们意识到的任何事物。我们的意识驻扎于本源，由此能够关注外围的各种面向。

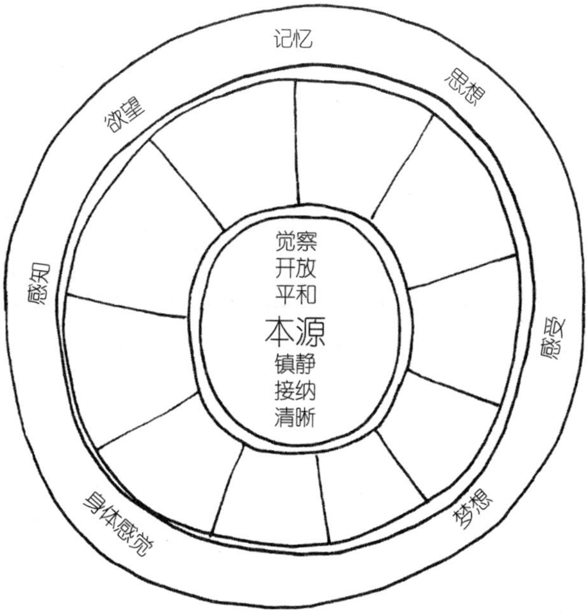

图 5-1　觉知环

分辨“感到”和“是”

你是否有过这样的经历：脑海中一直有一个挥之不去的念头，因此失眠；突然想到一件很烦恼的事，无论手头正在做什么都感到索然无味；感觉非常焦虑的时候胃会紧张地打结……这就是被困在觉知环的某个外围面向时的样子，即觉知环失去整合的状态。

当孩子被困在外围面向时，他的注意力只集中于几个小部分，而不是立足大局、关注其他外围面向。例如，害怕看到万圣节南瓜面具，担心今年考不好数学，害怕在学校戏剧演出时忘词。他并没有从觉知环的本源出发看待世界，而是将注意力集中于外围面向中制造焦虑和批判状态的一小部分面向，因此排除了其他外围面向，而被排除的外围面向正是能够帮助他保持平和及开心的部分。

本源令我们广泛而又灵活地感知自己的生活。被困在觉知环的外围则会导致僵硬和束缚的后果。想要避免这种后果需要本源和外围之间保持平衡，将两者结合在一起，形成所谓的“整合意识”。《全脑教养法》和我的另一本著作《青春期大脑风暴》(*Brainstorm: The Power and Purpose of the Teenage Brain*)[①] 分别为儿童及青少年提供了有效练习整合意识的方法。

当孩子执着于那些不好的心理状态时，常常分不清“感到”和“是”之间的区别。对于孩子来说，很难理解“我感到自己有点儿笨”和“我很笨”这两句话之间的区别。这会导致他用当时的状态来定义自己。他们不说“我感到孤独”或者“我感到今天很失败”，而是说“我是孤独的”或“我是个失败者”。感觉时隐时现，但对于“我是”的定义是固定不变的。换句话说，暂时的心理状态可能会被孩子感知为一种自我的永久状态。这种状态会变成一种可以定义他们是谁的特质。

①《青春期大脑风暴》通过描述青春期大脑的变化来理解青春期，通过“全脑教养法”及“第七感”帮助父母与孩子进行更良性的沟通。该书简体中文版已由湛庐文化引进并策划出版。——编者注

心理状态不等于性格特质

我们来看看孩子经常抱怨的事情。在下面的空格中，写下他们对兄弟姐妹，所处环境以及对自身所抱怨的事情，如“我感到无聊”“她很坏”“我讨厌数学”“我不擅长曲棍球”……

____

____

____

回头看看这个清单，孩子的某些暂时的心理状态是否常被描述成他的性格特点、个人特质？在阅读本章过程中，请牢记这一想法。在本章的后面，我们会给你提供一些指导，教你如何与孩子一同探讨这些概念，如何帮助孩子使用觉知环。

现在，请把注意力转移到自己身上，考虑以下问题：在谈论自己的生活时，你抱怨最多的是什么？例如，“我的大儿子很懒惰”“我的孩子从来不主动收拾房间”“我很累”“今天上班时发生了一件令我难过的事”“为什么我的孩子总是生病？”写的时候，请注意你的抱怨是陈述为状态（“我感觉”）还是特质（“我是”），请不要更改它们。按照你经常说的方式写下来。

____

____

____

正如本书之前的部分，了解自己的行为方式不仅可以帮助你更好地了解自己，而且也可以为孩子树立榜样，鼓励他们发展自己的觉知环，进而有意识地选择和改变。

你的觉知环

让我们开始使用前面的清单，来帮助你建立自己的觉知环吧。参考前面的例子，画出你自己的觉知环。

在传统的针对青少年和成年人的觉知环练习中，轮圈分为四个部分，分别代表：

- 人的五感（视、听、触、嗅、味）。
- 内心感受。
- 情感、思想、记忆和信念等心理活动。
- 与他人的关系。

轮轴代表注意力，它可以被移动。注意力可以在本源，也可以被分散到外围面向上的任何位置。你可以在这个框架的基础上探索自己的外围面向，也可以关注现有的外围面向。

对青少年来说，拥有一个广阔的外围面向是一个有力工具，可以让他们选择关注与当下感受联系最紧密的部分。

无论怎么画，只要能帮助你思考自己的想法和感受，以及帮助你集中注意力就可以了，没必要画得很清楚。

我们从设定觉知环的外围面向开始练习。把你上面提到的真正影响你的消极情绪写在觉知环的边缘。但是别忘了，也要把生活中积极的一面加进去，如一些重大的事情——“我女儿变得非常有责任感”或者“我儿子在生气时能够让自己冷静下来”……生活中的一些小事也同样值得写上，如“今天早上吃早餐的时候孩子不怎么吵架了”或者“我今天有时间来看这本书了”。

在你填完觉知环的外围面向后，请回想一下那些让你感到焦虑或令你抓狂的想法。从你生活的整体角度出发，重新看看你所抱怨的这些事情，以及有何感受。

你完全不应该全盘否定那些不愉快的经历。相反，接受并解决它们非常重要。通过立足全局你就不太可能会把负面情绪当成生活的全部，你会意识到许多负面情绪只是你暂时的心态，而不是永久的个人特质。

专注的力量

这部分的重点是我们如何保持专注以及在何处保持专注。我们可以随时查看积极向上的外围因素，但也不应该忽视消极的外围因素，这是为了确保我们保持平衡并建立全局视野。

在《全脑教养法》中，我们讨论了神经可塑性的概念，即大脑的物理变化取决于我们经历和关注的内容。神经元会启动“开火”机制并且会联结在一起。换句话说，我们的经历和想法会激活我们的神经元及脑细胞，被激活的神经元之间就会建立新的联结。

这解释了为什么当我们执着于觉知环的某个外围面向时，我们会陷入情绪困境，变得忧心忡忡。将我们所有的注意力集中在一个特定的外围面向上，不仅会影响我们的心理和情绪，还会影响我们的大脑。但是，通过学习转移注意力，我们也可以学习转变心理状态。如果你每天都进行觉知环的练习，你的思维能力就会得到很大的提升，你的大脑也会更好地整合在一起。

整合是指不同部分的联结。正如你前面所做的一样，你专注的点不同，就会产生不同的外围面向。比如当漫长的一天刚刚结束，而你的儿子又拒绝洗澡，你很想大发脾气，但如果此时你转移一下注意力，花几分钟环顾一下自己的生活，想想另外一些事，如“女儿再也不需要用尿不湿了”或者“和老朋友一起共进午餐很开心”，会使自己的心情变得愉快一些。

现在，请写下类似的经验。写清楚当你转移注意力时，是怎样改变心理状态的，以及在你填写觉知环时想到的其他事情。

____

____

____

____

我们知道有些问题并不是很容易解决的。我们还是会陷入某个让人烦躁的外围面向，如担心在公司会不会得到晋升，担忧孩子在学校的行为，各种账单带来的经济压力……这会令我们无法专注于其他事情。我们不想草率地说“积极地面对生活吧！这没什么难的”这种话，尤其当你觉得生活无比疲惫时。我们只是想告诉你：如果你总是将注意力放在问题带来的焦虑和压力上，大脑就会在负面情绪和问题间建立更多的神经通路，进而压力和焦虑就会成为你面对问题时的自然反应。

虽然这并不容易，但只要练习转移注意力，专注于觉知环上积极的外围面向，将会对你有巨大帮助。定期的练习也会在很大程度上改善你的生活：你不仅会开始专注于那些高兴或平静的感觉，而且会提高你遇到压力的时候转移注意力的能力。

回到本源

当你保持专注并开始改变心理和情绪状态时，你会回到觉知环的本源。觉知环的本源可以帮助你处于一种整合状态，让你既不会感到混乱，也不会感到僵化，而会感受到内在和谐。有些人将本源描述为一个内心庇护所，一个平静清明的地方。从这种平和、冷静的状态中，你可以了解到生活的方方面面，包括积极和消极的方面，而不是固守其中之一。

这其中的关键是强化自己回到本源的能力，达到随时随地启动并使用它的程度。

当你感到有压力、焦虑、沮丧或在其他方面感到崩溃时，什么能让你回到本源？对于某些人而言，花时间进行积极的精神练习，如冥想会有一定的作用。对于觉知环，不是要遇到困难时才进行练习，而是要定期练习，因为这是强化你启动本源的一种好方法。另一种人们发现的回到本源的办法就是进行体育锻炼。也可以利用我们在本书中讲过的方法如讲故事、整合记忆或者这几种的组合。现在花几分钟，想一想，当你需要让自己回到本源的时候你会做什么。如果你感觉自己就要失去平衡了，可以采取哪些具体的步骤来应对？

____

____

____

____

回到本源，不仅可以使人们积极地面对生活，而且还可以令人在开放的状态而不是防御的状态下应对困境。

全脑教养第 8 法 THE WHOLE-BRAIN CHILD WORKBOOK

浮云原理：教孩子了解真实的内心感受

成年人都知道感觉是暂时的，它们时隐时现。在我们多年的记忆中，有时感到快乐，有时感到生气，然而这些感觉无论多么强烈，最终都会消失。但是孩子并不一定知道这一点。他们需要我们的帮助才能理解诸如恐惧、沮丧和孤独之类的崩溃情绪只是暂时的状态，而不是持久的特质。

要注意的是，即使孩子了解了感觉并不是持久状态，也不意味着父母可以忽略他们的情感。无论是你自己的还是孩子的，情感都值得你认真对待和尊重。这样一来，你向孩子证明了所有的情绪都应该被承认，同时帮助他们了解片刻的感觉最终是会消失的。孩子对这个概念理解得越深，他们就越不容易被困在觉知环的外围面向，反而更容易从本源出发对待生活，从而做出明智决定。

图解全脑教养第 8 法 THE WHOLE-BRAIN CHILD WORKBOOK

避免置之不理和否认

教孩子了解内心感受的短暂性

摆脱情绪控制

以下是一个锻炼第七感的练习，可以令你对不断变化的情绪有直观感受：

回想一下前面写下的，有时令你深陷其中的负面情绪。从这些外围面向中选择一个进行思考，闭上眼睛，将负面情绪想象成一片云，专注于这片云的细节：它有多大？看起来像乌云吗？还是那种白色棉花一样的？它是一整片的还是一缕缕的？当你看到它时，你会有什么样的感觉？会有一种不祥的恐怖感或是淡淡的悲伤感吗？不要对这片云有任何的评价，也不要想自己应该有什么样的云。只关注你看到的样子。当你坐下来感受它时，默认这片云是真实的、重要的、需要你关注的，如同其他情感一样。

就像你在天空中看到的真实的云一样，这片云有时会静止，有时会浮动。但是，如果你持续观察它，就会发现它实际上一直在飘动，直至消失在我们的视野中。你尝试在大脑中描绘这片云时，还会产生很多想法，如“这很奇怪”“我的云很大，却一动不动”“我还要坐多长时间呢？”……就像对待那片云一样，让这些想法无意识地来，无意识地去，不做评价。你会发现，旧的想法消失，新的想法又不断浮现，如“我不能对我的云做出评价”“我有点儿累了”“哇，我的云越来越小了”……同样地放任它们来去。坚持练习一两分钟，直到你看到云从视线中消失为止。

睁开眼睛后，写下你的这段体验：“云”消失的时候，你有什么感觉？有其他“云”替代吗？你会感到空虚，松了一口气还是心烦意乱呢？

告诉自己，这片云很可能会再次出现，甚至立即出现。随着云的频繁出现，如果你每次都能放任它来去，你就更有可能看见它消失的样子，它就像来来往往的情绪。

这样的引导式冥想对于孩子来说是一种奇妙的锻炼方式。选择一个安静、舒适、不会被打扰的地方，用舒缓、温柔的声音让孩子感到放松。你在描绘画面或提问的时候，请给孩子一点儿时间来思考你的意思。不是一定要孩子回答你的问题，而是让他可以和你保持联结。你可以用我们提供的方法，也可以参照下面的对话开始练习：

闭上眼睛，深呼吸，要用鼻子进行呼吸。吸气，1、2、3、4、5……然后呼气，1、2、3、4、5……再吸气，1、2、3、4、5……再呼气，1、2、3、4、5……

很好。继续保持深呼吸，让身体放松，靠在椅子上（也可以是床或沙发）。现在，把你对体育课的担心或者与朋友打架这样令你焦虑的事想象成天上的一朵云。

仔细看这朵云，你能看到什么细节吗？如果你不想说也可以不告诉我，只看你观察的东西就可以。答案没有对错之分。也许它是一朵白色的、蓬松的云，也许是一片黑压压的乌云。当你看着它的时候，它看起来又高又远，还是低低的，好像覆盖了整片天空一样？你的身体有什么感觉吗？具体哪个部位有感觉？可以把手放在有感觉的地方。

有时这些云会使我们感到悲伤、沮丧，甚至愤怒。无论你观察到什么，只要让自己意识到这一切即可。你不需要改变或评判自己的想法——所有想法都是可以存在的。现在，将注意力重新放到这片云上。我要告诉你，这片云是非常重要的，就像你关心的情感一样。

当你坐着看它在天空中飘浮时，它的颜色或形状有什么变化吗？它是快速移动的还是停留在原地呢？有时候云会一直停留在那儿，有时候它也会一直移动，即使我们没发现。持续深呼吸，就好像把乌云吹散了一样。只用一点儿时间，这片云就会消失，继而新的云出现，这就像我们会不断产生新的情绪一样。

这就是我想让你想象的：云会不断地从视野中消失，然后新的云会缓慢地飘来。每片云的形状和色彩都是不同的。天空中充满了各种各样的云，有乌云，有白云，还有蓝天相映。

最初的那片云，伴着所有的想法和情绪可能会再一次出现，甚至很快会出现。不过，现在你知道了：云朵和情绪是类似的——它时隐时现，没有哪朵云可以一直停留在天空中。

再次深呼吸，1、2、3、4、5……然后慢慢呼出，1、2、3、4、5……吸气，1、2、3、4、5……呼气，1、2、3、4、5……将注意力拉回到椅子上舒适的位置，然后慢慢睁开眼睛。

有时，引导式冥想会帮孩子找回很多未被详述的情感，因此做好准备来迎接他可能产生的激烈的情绪吧。

全脑教养第 9 法 THE WHOLE-BRAIN CHILD WORKBOOK

情绪调色板：教孩子正确理解内心感受

和《全脑教养法》中的大部分内容一样，这一方法也与觉知有关。为了发展孩子的第七感，进而改变内在困扰他们的念头、欲望和情绪，他们首先需要清楚地知道自己在经历什么。这意味着我们最重要的养育责任是帮助孩子识别和理解他们自己的觉知环有哪些不同的外围面向。

回忆一下“审视”法，它可以帮助孩子关注正在影响他们的感觉、意象、情绪和念头。表 5-1 可以帮你轻松直观地了解该方法，图 5-2 对儿童理解感受和情绪非常有帮助。

表 5-1 “审视”法

审视	描述	示例
感觉	通过关注你的身体感觉，你会更了解自己的身体变化	胃部搅动表示紧张，喉咙干涩表示悲伤，咬牙切齿表示生气
意象	意象会影响你看待世界及与之互动的方式，第七感可以帮助你控制并且减少意象对你的影响	有些意象来自过去的经历，或是恐惧的，或是尴尬的，或是困惑的；有些来自虚构的臆想，如梦中的，电影或书中的；第七感可以帮助控制它们活动
情绪	用一种丰富的、描述性的语言来描述你的情绪的复杂性，可以帮你更好地表达自己的感受，更好地被他人理解	把“生气”“悲伤”等抽象词语用描述性语言给孩子讲述出来，让他们知道什么时候他们的感觉会是焦虑的，嫉妒的或兴奋的
念头	留意脑海中的每一个念头，但不一定要全部相信。将注意力从有限制作用的外围面向转向那些有利于获得成长和快乐的外围面向	念头是我们的所见所想，我们对自己说的话，我们的信念以及我们用语言讲述自己生活故事的方式。你还可以与那些没用的、不健康的想法进行争辩。尝试从一个积极向上的角度来回忆那些曾令你裹足不前的消极想法

通过教孩子审视头脑中的活动，我们能够帮助他们识别哪些外围面向正在影响他们，并且帮助他们获得更多对生活的洞察和控制权。

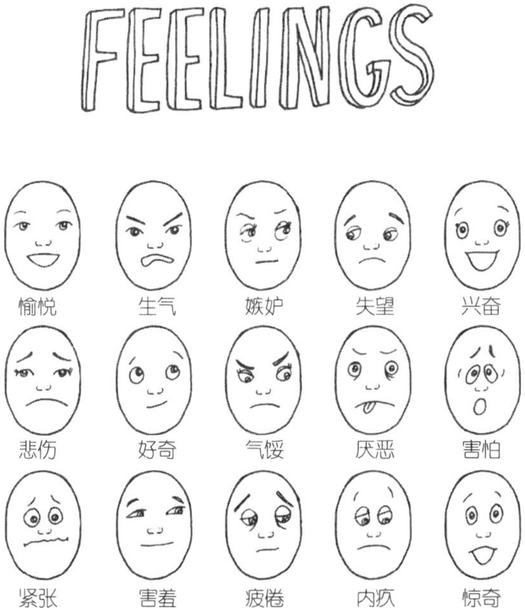

图 5-2　情绪

图解全脑教养第 9 法 THE WHOLE-BRAIN CHILD WORKBOOK

避免置之不理和否认

教孩子正确理解内心感受

练习“审视”

无论你想教孩子什么，最好都先自己体验一下，更好地理解它，才能很容易地把它传递给别人。现在花一点儿时间，先“审视”一下自己的大脑吧。不用在意审视的结果。练习的目的仅仅是探索内心，探索那些你想要深入思考或应对的部分，但重点是注意具体都有什么。

找一个安静的不会被打扰的地方坐下来。接下来，闭上眼睛，开始将注意力转移到身体感觉上。如果没有什么特别的感觉出现的话，你很快就能“审视”完全身。记下你发现的感觉，如“我感到胃紧绷”“头昏脑涨”“我感到很放松”“我感到脚沉重”，并写下可能引起这些感觉的事情，如“我的胃里打结是因为我生姐姐的气了”“感觉疲倦是因为今天还没吃东西”……如果你愿意的话，请对你所发现的感觉做一下注释：

接下来要审视你想到的意象。再一次闭上眼睛放松身体。你的脑海里出现了什么样的画面？这些意象可能产生于前些天发生的事，或者你的梦，甚至你的童年。花一两分钟的时间观察出现的意象，它既可能代表艰难的经历，也可能代表积极的经历。有些意象会迅速消失，而另一些则拒绝离开。意象有时只是抽象的符号，有时又很直接。这些意象会让你想到令你苦苦挣扎的事情、总是无时无刻关注的事情，以及使你陷入外围面向的事情。请花一点儿时间写下你所想到的意象：

如果你准备好了，请继续对你的情绪进行“审视”。对于那些不习惯探索自己的感受并且习惯用左脑思考问题的人来说，这个“审视”过程会非常困难。请记住，所有的感觉都应该被接受，但是对于某些人来说，会有一些不适应，具体还要取决于你在成长过程中是如何处理情绪的。对自己要有耐心，当你开始注意这些情绪时尽量不要对它们做评判。

只要你没有任何不舒服的感觉就尽量多关注自己的情绪。做完这些，请写下对此的感受：

最后，审视你的念头。念头是我们所思所想，是我们对自己说的话，是我们用语言讲述自己的生活故事的方式。当你专注于自己这些念头时，你会对自己那些特有的反应方式和某些信念有更深刻的理解。我们以蒂娜的一位成年客户为例，看看她在进行审视练习时的思维模式图（见图 5-3）。

这位女士在开始思维训练之前，经常被困在“我很胖，我需要减肥”这个外围面向上。好在因为她不断地“审视”自己的念头，她开始努力抽离，不再执着于这个想法。最终，她意识到自己和妈妈都很美丽。这种意识使她开始摆脱消极的思维模式，这样她就可以回到觉知环的本源。

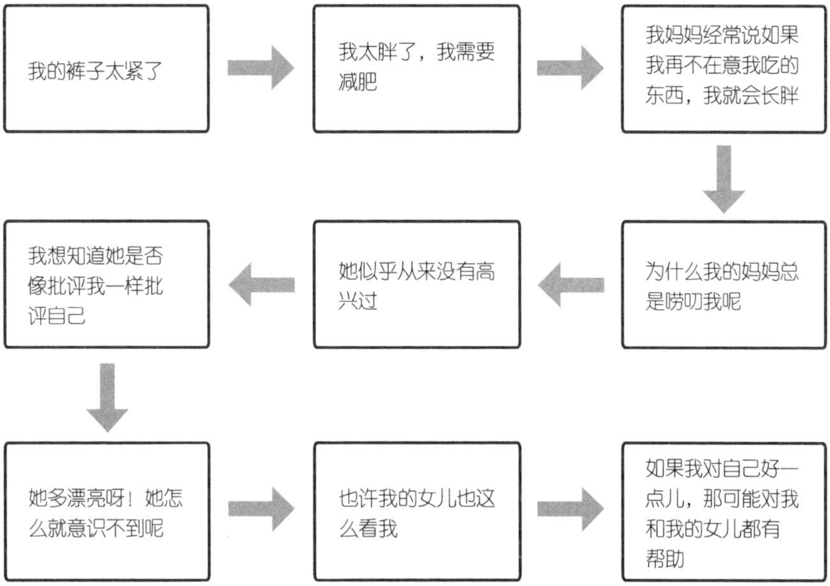

图 5-3　蒂娜客户的思维模式图

有时，各种念头之间彼此割裂，这让你很难找到突破点，但这完全没关系。不要强迫自己顿悟，我们只想让你自然而然地注意到自己脑中那些念头，然后告诉自己，不必全部相信。

事实上，你要学的最重要的一项技能就是学会关注那些无益又不健康的念头并与之争辩，然后将你的注意力转向让你开心并能达成目标的想法。图 5-4 描述了一个年龄较大的孩子是如何面对自己的潜在恐惧的。

学会与这样的念头抗争，即使它令你深陷其中无法自拔，依然能给予自己或孩子巨大的掌控感。记住，念头控制不了你，你有权决定自己要如何感受，这是我们要学习的非常重要的一课。

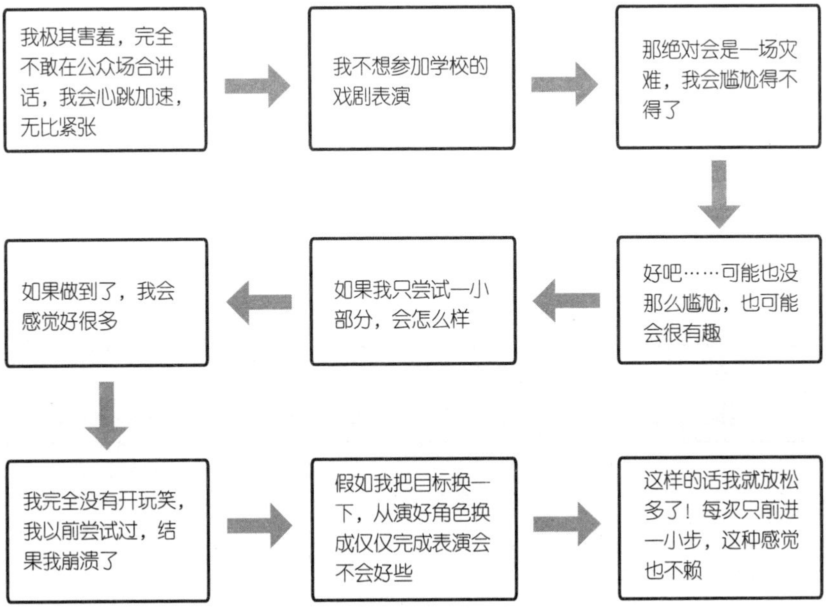

图 5-4　年龄较大的孩子面对潜在恐惧的心理过程

带着这样的理解，静静地坐下，开始关注脑海中出现的念头。倾听它们，必要时与它们进行辩论，看它们把你带往何处，留意你对自我和生活的评价。在感到舒适的情况下把它们写下来：

____

____

____

在回顾“审视”练习的时候，如果你感觉这些感觉、意象、情绪和念头对自己的影响非常大，而其他人并不会，你就需要做进一步“审视”，如拜访长辈亲戚，帮你回忆起更多细节；看心理医生；向朋友寻求帮助等。

帮助孩子练习“审视”

现在，你已经亲身体验并且完成了“审视”练习，也体验到“审视”是如何帮助自己提升第七感的，现在想想该如何帮助孩子。通过引导孩子“审视”大脑中的活动，我们可以帮助他们识别影响自己的内部因素，从而获得更多对生活的洞察和控制权。理解“审视”机制这个重要的理念可以让孩子懂得一个道理：身体感觉影响情绪，而情绪又创造了想法、观点和头脑中的意象。换句话说，处在外围面向中的感觉、意象、情绪和念头，它们之间都是相互影响的，最终叠加在一起形成了我们的心理状态。

具体地说，把孩子所遇到的问题以及你的回应方式罗列下来。什么样的问题会给孩子造成困扰？你是如何帮助他更好地理解自我的？如何帮他将注意力集中在管理自己的情绪及回应外界的方式上？在“审视”机制中，仔细考虑每一个因素，看看它是如何帮助孩子摆脱困境的。根据我们举的几个例子，在表 5-2 中填写你自己的实际情况。

表 5-2 “审视”孩子的问题及解决方案

问题		审视—解决	
1	入学分离焦虑	感觉	你可以带孩子早一点儿到达学校，然后找一个安静的地方来缓解他的焦虑感。把所有不安的感觉想象成一个气球，然后深呼吸，就好像是在吹气球一样（用鼻子吸气，用嘴吐气）。将气球吹满后释放它，就像是把这些不舒服的感觉也释放到了空气中。最后，让孩子用大脑记住身体这种放松的感觉
		意象	与孩子安静地待一会儿，让他描述一下一想到上学脑中会出现什么景象。通过与孩子谈论每一个意象，帮助他把恐惧、悲伤的意象转换成幸福、快乐的意象

续表

问题		审视—解决	
1	入学分离焦虑	情绪	和孩子一起列出那些他喜欢的学校的部分。可以制作一本图画书，每天早上上学前和他一起翻翻。告诉他和爸爸妈妈说再见的那种担心的感觉完全是真实的，但那只是他校园生活的一小部分。图画书中画的内容才是他校园生活的主要组成部分。每读一次这本书，他的大脑就会建立更强壮的神经元，将上学这件事与他在学校的美好感觉联系在一起
		念头	要教导孩子不必相信他脑中冒出的所有念头。让他想象自己与脑海中的负面想法进行对话。他完全可以和大脑辩论，甚至指出内心的负面声音。这样做虽然有点儿愚蠢，但能帮助他缓解紧张情绪，能更好地控制这个情况。当孩子开始因为上学而不安时，你可以以开玩笑的语气模仿这个负面的声音："那个斯汀基·史蒂夫又出现了吗？史蒂夫可对你的学校一无所知！史蒂夫，不许再说妈妈走了，不来接你了这样的话。你总是在骗她！露西，你想告诉史蒂夫什么？"让孩子写下或告诉你他关于上学的所有想法。把它们分成两列：一列是有益的，另一列是无益的。然后与斯汀基·史蒂夫（你也可以给这个消极声音起其他名字）谈谈
2		感觉	
		意象	

续表

问题		审视—解决	
2		情绪	
		念头	
3		感觉	
		意象	
		情绪	
		念头	

因为“审视”机制能够将人的身体、精神和情感整合成一个统一的系统，所以当孩子陷入某种困境无法自拔时对各个部分分别“审视”，弄清自己是如何被困境影响的，这可以有效帮助孩子挣脱困境。

“审视游戏”

向孩子介绍“审视”机制时，把它转化成游戏也是一个很好的方法。这个想法来自《全脑教养法》。下一次当你和孩子一起待在车里时，可以花几分钟玩一下“审视游戏”，通过提问来推动他启动“审视”机制。

你：我会先说一些我们的身体感觉告诉我们的事。我饿了，你呢？你的身体告诉你什么？

孩子：安全带有点儿磨我的脖子。

你：这个不错。我马上给你调整。画面呢？你的头脑里有没有出现什么景象？我正在回忆你在学校演喜剧的滑稽场面，你戴着一顶可笑的帽子。

孩子：我正在想那部新电影的片花，就是外星人那部。

你：好，我们一起去看。现在来说说感受。我一想到爷爷奶奶明天要过来，就觉得很兴奋。

孩子：我也是！

你：好的，感觉——意象——感受……现在轮到念头了。我刚刚想到我们该买牛奶了，我们到家前得停一下去买牛奶。你想到了什么呢？

孩子：我一直在想克莱尔应该多做一些家务，因为她比我大。

你（笑）：我很高兴你很会出主意，关于这一条我们可以再想想。

虽然有时候这样的对话显得很傻，“审视游戏”却不失为一个让孩子练习关注自己内心活动的好办法。记住，谈论大脑就是在开发大脑。

全脑教养第 10 法 THE WHOLE-BRAIN CHILD WORKBOOK

第七感：培养专注力

当孩子执着于其觉知环的某一组面向时，我们需要帮助他们转移注意力，促进他们的自我整合。他们将发现自己不必成为感觉、意象、情绪和念头的受害者，从而决定如何思考和感受他们经历的一切。

虽然这个概念很有吸引力，但对孩子来说这些能力不是天生的，即使是成年人也是如此！然而，家长可以做的就是帮助孩子回到觉知环的本源，帮助他们专注于不同的外围面向。教给孩子一些策略，使他们能够平复心情，整合感受和欲望，这就是在培养他们的第七感，从而帮助他们变得专注与整合。从开放而又灵活的本源出发，他们可以察觉众多外围面向对自己的情绪和状态的影响。久而久之，本源成了清明意识的源头，为最终开出智慧之花提供养分。

有效的第七感练习可以帮助孩子提高他们的思维能力。在《全脑教养法》中有两个练习，一个关于呼吸，一个关于潜水，可以用来帮助平复孩子汹涌的情绪。这个练习对父母和孩子都是非常有效的，它可以帮助你们回到觉知环的本源。

图解全脑教养第 10 法 THE WHOLE-BRAIN CHILD WORKBOOK

避免置之不理和否认

培养专注力

懂得如何调整，使自己重回平和的心理状态是一种需要培养的能力。想培养孩子的这种能力，要时时提醒孩子处在冷静、清醒的状态下，这样做事时会顺利很多。当他们被一些想法和情绪困住，失去平和冷静的心态后，很容易执着于某个外围面向，只看到生活的一部分而非全部。没有人会对这种生活状态感到愉快。你要做的是帮助孩子摆脱困境，回到本源——开放而平和的状态。只有回到本源，他们才会用理性的思维解决遇到的问题。

虽然刚开始练习的时候需要刻意运用冥想的方式，但渐渐地，孩子就可以随时随地开始了，不用每次都躺在一个安静的房间才行。第一次练习，我们建议给孩子找一个安静的地方，引导他做几次深呼吸（用鼻子吸气、用嘴呼气），你可以这样说：

> 深呼吸，把注意力集中到全身上下，就算你以前不怎么关注身体，现在你会感受到内心的平静——感受那个让你感到平静的地方，它就是你静谧的本源。把你的手轻轻地放在那个地方，并停留在那里。
>
> 带着这种平静之心，开始回顾你的生活，全面地回顾——不只是困扰你的事，还有令你开心幸福的事。在这个平静的地方，你可以感知一切，可以清晰且深入地思考。这就是觉知环的本源，一个开放而又清晰的地方。
>
> 当你处于觉知环的本源时，想想生活中其他可以帮助你回到本源的经历。不一定非用冥想的方式，听听鸟叫声、狗叫声；摸一摸你最爱的玩偶；闻一闻妈妈头发上的香气……无论你是否感到不安，这些生活中的小事都可以将你带回觉知环的本源。随着你回到本源的次数增加，你会逐渐习惯成自然，更容易放松下来，变得平和、愉悦。

问问孩子，对于如何才能回到觉知环的本源，他有什么建议。任何建议都可以，比如洗碗、绑鞋带、听椅子在教室里搬动时发出的声音。对于一些孩子来说，这就像呼吸一样，进进出出。一旦他选择了其中之一，你就要引导孩子将其变成一个可以随时随地提醒他专注的内在信号。每天都和孩子谈谈他是如何回到觉知环的本源的，回归的信号是什么。

刚开始时总是有些不自然，需要你帮孩子找到这些提示，但最终他会形成习惯。到那时，连呼吸声、门铃声、远处的咳嗽声、孩子的笑声都可以帮他立即转移注意力，回到平和心态。无论谁都会从中受益。

现在你可以为孩子创建属于他自己的觉知环了。同样，外观并不重要，让孩子来填写外围面向，既包括不高兴的感觉和想法，也包括让他感到高兴的事情。

填写完之后，让孩子把注意力放在觉知环中的消极的经历上，如自行车坏了、生日聚会取消了、不得不和妹妹住一个房间……当他想这些事情一段时间后，问问他有何感受。鼓励他开启“审视”机制，观察自己的感觉、意象、情绪、念头都是什么。

在练习过程中，要让他意识到一个小转变就可以改变他对事物的看法。要让孩子知道，他有能力改变看待事物的方式，只要通过转移注意力，关注生活中的其他方面就能做到。

THE WHOLE-BRAIN CHILD WORKBOOK

全脑儿童丨教孩子整合自我的不同部分

本章的思维练习向孩子介绍了第七感和专注的力量。和孩子一起创建觉知环是一个绝妙的想法，你们可以一起阅读下面全脑儿童的插图，来厘清最基本的概念。

选择思考的方向

◆ 你有过“困在”某种感受或念头之中的经历吗？这让人很不爽，但它是如此强大，让你忘记了其他让你快乐的感受和念头。

◆ 幸运的是，你不必一直停留在让你痛苦的感受之中。你可以学习关注自我的其他部分，走出困境。

◆ 纳西姆控制不住自己，他非常担心拼写比赛，甚至担心得都胃痛了。他不想吃午餐，课间也不想玩耍。他唯一能想到的就是拼写比赛，他太紧张了。

◆ 他的老师安德森女士教给他觉知环的概念：我们的心灵就像一个车轮，轮子的中心叫作“本源”，这是一个安全的地方。在这里，大脑可以放松下来，还可以选择思考的方向。

案例

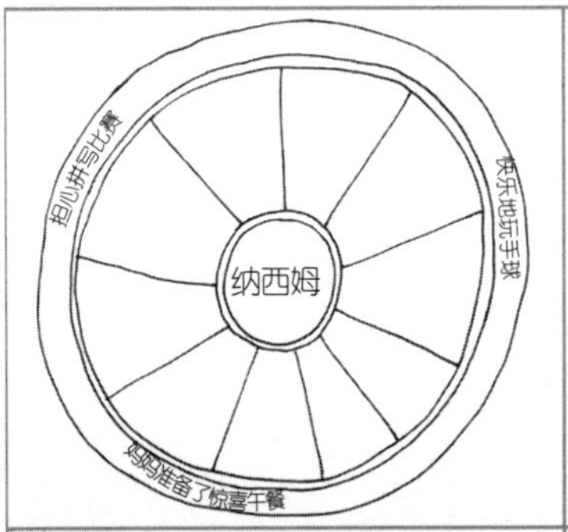

◆ 觉知环的外围是纳西姆可以思考和感受的所有事物：在课间玩手球、妈妈在午餐盒里准备的大惊喜，当然还有他对拼写比赛的担心。安德森女士向他解释，他把注意力全部放在了紧张这一点上，忽视了所有其他方面。

◆ 安德森女士让纳西姆闭上眼睛，做三次深呼吸。她说："你一直在担忧拼写比赛，现在我希望你关注一下轮子上的其他部分，比如快乐地玩手球，或者想象一下味道鲜美的午餐。"纳西姆露出了笑容，肚子"咕咕"地叫了起来。

◆ 当纳西姆睁开眼睛时，他感觉好多了。他运用觉知环去关注其他的感受和念头，然后改变了自己的感受。他仍然有一点儿紧张，但是他不再完全被困在紧张之中。

◆ 纳西姆明白了，他不必只想着让他紧张的事情，而是可以主动去想些其他能让他开心的事情。纳西姆吃了午饭，然后跑出去玩手球了。

全面看待觉知环

父母也能从学习和了解第七感及他们自己的觉知环中获益，通过下面的练习，你也能发现和体会到这一点。

从你的本源出发，审视自己的大脑。你的注意力现在在哪些外围面向上？有下面这些吗？

- 我好累，真希望能多睡一个小时。
- 儿子把他的棒球帽扔在地板上，气死我了。等他回家我得好好说说他，还有他的家庭作业。
- 跟库柏一家吃晚餐应该会很开心，可我不太想去。
- 我累了。
- 我要是能做点儿自己的事就好了。好吧，至少最近读的这本书让我感到很愉快。
- 我说过我很累了吧。

所有的这些感觉、意象、情绪和念头都是你的觉知环的外围面向，它们共同决定了你的心理状态。

现在我们来看看，如果你主动地将注意力引向其他外围面向，会发生什么。放慢节奏，让心情平静下来，问自己这些问题：

- 最近孩子说了什么好玩的话，做了哪些好玩的事？
- 有时养育真的是件困难的事，我真的从心底里愿意成为一名妈妈（爸爸）并为此感到骄傲吗？如果我现在没有小孩，会是什么样子呢？

- 孩子现在最喜欢的 T 恤衫是哪一件？我还记得他的第一双鞋吗？
- 我能想象出孩子年满十八岁、打包好行李离家去上大学的样子吗？

是不是感觉不一样了？你的心态有变化吗？这就是第七感的作用。从本源出发，留意你觉知环的各个外围面向，你就能察觉到自己正在经历的一切。然后，你可以转移焦点，主动关注其他面向，由此，你的整个精神状态也会跟着发生改变。这是你的头脑产生的力量，这股力量是如此切实地、根本性地改变了你对孩子的感受以及与他们互动的方式。第七感还带来了自我整合，整合内心的不同组成部分，形成一个开放又灵活的本源，它将觉知环的所有外围面向联结在一起。在缺乏第七感的情况下，你将执着于外围，深陷在沮丧、生气或怨恨之中。此时，为人父母的喜悦不复存在。但是通过回归本源、调整焦点，你又能体验到为人父母是一件多么令人欣喜和值得感恩的事，只需保持专注，主动把注意力转向新的面向即可。

第七感有着很强的实用性。例如，回想一下最近一次你对孩子生气的场景。你气得七窍生烟，简直要失去控制了。他做了什么让你暴跳如雷？每当这种时候，你的愤怒像是要燃烧至觉知环的整个外围。事实上，怒火将你挤出了本源并遮蔽了所有其他外围面向，你原本对孩子的感受和认识在那一瞬间都不存在：你忘记了孩子只是个普通的四岁小孩；你忘记了 5 分钟前你们一起玩牌时还笑到抽筋；你忘记了你曾向他承诺，生气时再也不掐他的胳膊了；你忘记了你本来想为他做一个合理表达愤怒情绪的良好示范……这就是当我们没有通过本源达到自我整合时，整个人被外围面向击溃的情形。下层脑接管了上层脑的功能，其他的外围面向完全被你的强烈怒火所散发出的刺眼光芒所掩盖——也就是传说中的“抓狂”状态。

在这种时候能做什么呢？没错，你猜对了：整合。运用你的第七感，通过深呼吸，你将走出回归本源的第一步。这是从完全消耗在某一种（或几种）外围面向的困境中跳出来的必要步骤。当你回到本源后，你才有可能采用一个更加广阔的视角，发现你的头脑中有着其他更多的外围面向。本源开启“审视”机制。你可以喝一点儿水、歇一会儿、伸伸懒腰，或者花几分钟冷静一下。然后，一旦你将注意力带回本源，你就能自由地选择关注什么、如何回应孩子的行为，并且必要时修复你们关系中的裂痕。

这并不意味着你要对孩子的不良行为视而不见，绝对不是！事实上，你需要整合的其中一个外围面向就是对设置清晰、坚固的边界抱有信念。你可以采取很多种视角来设置外围面向，既可以渴望孩子改善行为，也可以担心你自己的回应造成了不利影响。

当你把所有这些不同的面向融为一体，即从本源出发整合你的头脑时，你将进入一种善解人意、敏锐、从容不迫的为人父母的状态。在整个大脑整合运作的状态下，你能与自己的内在紧密联结，也就能跟孩子建立起紧密的联结。具备第七感和完整的自我，你将更容易按照自己的真实意愿来做出回应，而非在某一个瞬间、某个点上受剧烈情绪的驱使做出反应。

The Whole-Brain Child Workbook

6

培养孩子的人际技巧

整合自我与他人

帮助孩子在成为“我们”的一分子的同时，不与内在独立的“我”失去联系，对所有的父母来说都是一个高难度的任务，但也是所有父母期待孩子能做到的。但是，在与他人联结的同时保持独特的自我认知，正是幸福和成就的源泉。这也是第七感的精髓所在。你也许还记得，第七感能让你看清自己的心灵，也看清别人的心灵。这意味着在保持健康的自我概念的同时，发展完善的人际关系。

——《全脑教养法》

虽然孩子可以做很多事情，但是期望他们能够从他人角度看待问题仍然超出了孩子的能力范围。我们对孩子的很多期望都需要时间来实现，明白这一点非常重要。即便如此，我们仍然需要引导他们，帮他们做好准备，从孩童、少年最终成长为一名能够建立稳固有爱的人际关系，顾及别人的感受的成年人。

本书前面的章节主要聚焦于如何帮助孩子拓展思维，发展他们的洞察力，并最终形成一个强大而灵活的“我”。本章主要集中于第七感的第二个方面——人际交往：认识并了解联结他人心灵的能力。主要集中于培养和发展孩子的共情力，共情力可以帮助他们更好地处理人际关系。在与他人联结的同时保持独特的自我认知，正是幸福和成就的源泉。这也是第七感的精髓所在。

洞察 + 共情 = 第七感

社会化大脑：为“我们”而生

在过去的几十年里，科学家们发现，大脑是为关系而生的。换句话说，大脑从社会环境中接收信号，再反过来影响个人的内心世界。正如我们在《全脑教养法》一书中所说：“……大脑之间的相互作用与每个独立大脑的内部作用是有很大关系的。”

因为孩子小时候本能地只关注自己，我们需要帮助他们改变“单头壳”的想法，即认为大脑是隔绝在单个头骨中孤独的器官。转而理解他们是与家人、朋友、社区以及更广阔的世界联结在一起的。“我”通过参与并融入“我们”而发现生活的意义和快乐。这是大脑的另一种整合：整合自我与他人（见图 6-1）。在我的《青春期大脑风暴》一书中，我给“我”到“我们”的整合取了个名字——“MWe”。MWe 是一种整合了自我与他人的状态，这种状态既尊重个人的独特性，同时又重视我们互相联结的生活。

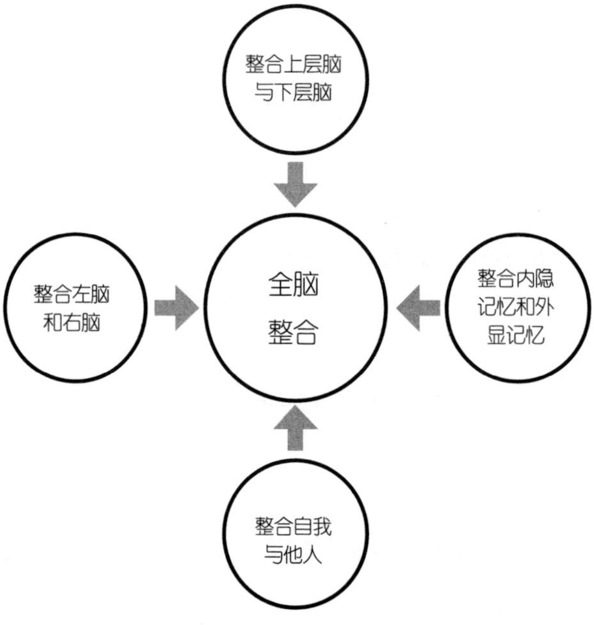

图 6-1　全脑整合

为建立联结奠定基础：创建积极的心理模式

在孩子生命中扮演最重要角色的人要做很多事，不仅要爱他和保护他的安全。这些人包括父母、祖父母、保姆、老师、同伴，他们的所作所为都为孩子在以后的生活中理解和处理人际关系，与他人建立联结打下基础。

这些人对孩子的情商和人际交往能力也有着深远的影响，因此他们的重要性再怎么强调都不过分。

现在，请你谈谈孩子生活中的重要人物。然后把他们的名字写下来，回答下列问题：我的孩子从这个人那里学到了什么样的心理模式？我对此感受如何？我想做些改变吗？是让我的孩子学习更多的积极的心理模式，还是减少消极的心理模式呢？我们在表 6-1 中提供了一些例子，请在剩余空格处填写自己的情况。

表 6-1 重要人物对孩子的情商和人际交往能力的影响

人物	对待人际关系的心理模式	我的感受	做法
泰勒教练	与人进行人际交往代表合作和牺牲；做领导者则意味着要成为楷模而不是发号施令者	积极的心理模式。一个强壮的男性榜样在尊重他人、友好待人方面可以带来持续的引导	向教练询问有没有暑期项目，确保我的儿子可以定期参加训练
谢利阿姨	在人际交往中很挑剔，只看别人的错处。在一段关系中，如果自己感觉不好，就让对方难受，好让自己痛快	消极的心理模式。我不想孩子受到她的影响	减少孩子见到她的机会，不让孩子和她单独相处，与谢利阿姨谈谈她对我们的影响

续表

人物	对待人际关系的心理模式	我的感受	做法
乔伊·托马斯	与同伴交往意味着竞争、对抗、嫉妒，把每一个人都视为自己的竞争对手	消极的心理模式。我不想让孩子和这种消极的人做朋友。他们会把学校的氛围搞得很紧张，我的儿子已经开始消极对待竞争了	告诉儿子真正的友谊是什么样的，以及感觉又是什么样的；帮他想想他的好朋友是哪些并邀请他们来玩

记住，对孩子来说最重要的人，不一定是陪伴他时间最长的人。相反，你要关注的是每个重要人物如老师、同学、导师、知己在孩子的生活中所扮演的角色，还要关注这个人对孩子在看待自我和外界的方式上的影响力有多大。

想想孩子的自我意识

有些孩子需要学习如何与他人相处，以及为他人考虑。而另一些孩子则需要培养强烈的自我意识以及坚持自我的意愿。最完美的整合意味着完成自我和他人的整合。任何一方面缺失，生活就不完整，我们的思维就会变得容易混乱和僵化，生活也会变得不和谐。

为了提升孩子的人际交往能力，想想孩子需要在哪个领域发展自我意识。在独处和人际交往中，他是否需要支持呢？他是否会满足他人需求而压抑自我？他是否经常坚持己见从而忽视他人感受？这些问题有助于你了解孩子在“我”和“我们”这两方面是否平衡，从而帮助他达到MWe的整合状态。例如，孩子是否出现下面这些现象：焦虑、消极的自我对话、已经限制他交往的害羞感？在下面的空白处写下你注意到的现象：

____

____

____

____

____

____

接下来，想想有哪些迹象表明孩子可能缺乏成为“我们”一分子的能力，即与人互动的能力。例如，无法察觉社交线索，不能区分玩笑和戏弄，参加集体活动会感到不舒服，交朋友并维持一段友谊很困难，不能和别人分享，不能从他人的角度看待问题等。请写下你能想到的迹象：

作为父母，我们不断思考怎么提高孩子在生活中使用第七感的能力，就相当于给孩子搭了一个脚手架，帮助他们理解自我和他人，享受人际交往，从而成功实现整合的人生。

整合自我与他人

现在，根据上面你所列出的种种迹象，请详细说明你会如何满足孩子的需要。例如，如果你说孩子害羞，那么你需要鼓励他尝试新事物，与此同时，还需要懂得什么时候不该强迫他，给予他一定的理解。我们把这称为“推一把”和“拉一把”的方法，这是从蒂娜的学生那儿学到的。有些孩子需要你去“推一把”，有些则需要“拉一把”。你可以根据孩子在不同阶段的脾性、发育阶段、心情等来决定怎么做。

另外，一个极少考虑他人想法的孩子可以通过“你觉得他的感觉是什么”这样的问题来锻炼他的共情力。又吵又闹的孩子在识别社交线索方面需要帮助。

在培养孩子成功地养成“我们”的意识的时候，你可能还需要描述孩子的特殊需求。请写下帮助孩子提高社交能力或强化他“社交肌肉”的具体方法。

就像我们不希望孩子仅仅使用左脑或右脑进行思考，我们也不希望他们只关注自己的想法，那会让他们感到孤立无援；我们也不想他们只注重人际关系而忽略自我意识，那会让他们易受不健康关系的影响。我们想让孩子成为全脑型孩子，并且善于人际关系的整合，既独立又相互联结。这就是“MWe”。

帮助孩子在关系中学会接纳

你会发现，有时孩子会完全接受你所说的话，而有时他却是封闭的、不接受的。我们每个人都会对想法、人物、经历有接纳的时刻，也有封闭的时候（见表 6-2）。当感觉不那么开放的时候，你就会把自己封闭起来，处于一种防御状态。类似这样的时刻就不是一个让你接受“昨天孩子上空手道课迟到”这个事实的好时机。

表 6-2　防御式心态与开放式心态

“不”代表防御式心态	“是”代表开放式心态
封闭	愿意倾听和保持联结
防御心理	考虑别人的感受
指责或评判	即使怀疑，也往好的一面想

续表

“不”代表防御式心态	“是”代表开放式心态
用保守的方式回应	感觉轻松而开放
不假思索地做出反应	深思熟虑后做出回应
肌肉紧张，心跳加快	肌肉放松，心跳平缓

如果你想自己体验这两种不同的心态，可以通过《全脑教养法》中的方法练习。请一个成年人来帮助你，然后让他多次重复一个词。你的任务就是注意你的身体在听到这个词后有什么感觉。

第一个词是“不”，用坚定和稍带严厉的声音重复念 7 次，每次间隔 2 秒。然后稍做停顿，再用清晰而温柔的声音重复念 7 次“是”。

当你的搭档说“不”时写下你的感觉，如压抑、愤怒、封闭、训斥……以及你听到“是”这个词时的感受，如轻松、平静、舒缓……

____

____

____

____

这两种不同的反应分别代表“防御式心态”和“开放式心态”。防御式心态来源于下层脑，只会给我们带来封闭、沮丧、防御的心态。相反，开放式心态能开启上层脑中的社交系统，让我们与他人联结，并体会到安全感和存在感。

培养孩子拥有“开放式心态”的能力

现在你已经清楚地了解了“防御式心态”和“开放式心态”，请运用这些知识来看看你是否能够在孩子真正有能力学的时候教他们。

在表 6-3 第 1 列中写几个你与孩子的日常活动，你的目的是教他乐于助人、善于提出建议、分享见解、举止恰当。在第 2、3 列中，写下孩子对这些教导的反应，有没有什么线索能供你判断当时孩子是处于“防御式心态”还是“开放式心态”。在第 4 列中，写下你想到的改进措施，或能够使互动更成功的方法。我们提供了两个例子供你参考。

表 6-3　防御式互动与开放式互动

事件	孩子的反应	防御式还是开放式	改进的办法
我在开车时，儿子和女儿吵架了，中途我试图纠正女儿的语气，为的是让她在不激怒哥哥的情况下表达观点	女儿就开始哭，说我总是偏向哥哥，对哥哥更生气了。双臂交叉，噘着嘴不理我，争吵还在继续	这是防御式反应。两人的争吵会更剧烈。她升高的音量以及所做出的身体动作都说明在和哥哥的争吵中，她已经被完全击倒了，而我的插手使她更崩溃	把车停下来，可以的话让孩子们下车，这样彼此都有了空间。不要先解决问题，至少等到女儿平静下来，或她一个人的时候，这时她才能接纳你的意见而不是一碰就炸
儿子被作业难住了，感到很沮丧。我想要帮助他，感受作业的难度，体会他受挫的感觉。我告诉他，如果需要我的帮忙可以来找我	我发现我的感同身受令他放松了下来：他的表情开始舒缓，然后靠到椅子上深呼吸。当我问他是否需要帮忙时，他开始告诉我困扰他的地方	这是开放式反应。通过共情，让他感到放松，可以接受这些事了	有时我会忘了共情，会马上插手并想给他一些缓解焦虑的办法。但几乎从来没成功过。我需要不断地提醒自己要先感受他的感受，让他体会到自己是被理解的（这就是聆听和关注）

续表

事件	孩子的反应	防御式还是开放式	改进的办法

现在你已经回顾了过去的亲子时刻，你也了解了一个事实，即孩子在不同心理状态下对你的话语接受程度也不同。现在，写下你观察到的孩子在不同心态下的行为，如处于“防御式心态”时的叹气、转动眼睛、双臂交叉，和处于“开放式心态”时的放松的身体、眼神交流、轻声细语的谈话等。

清楚识别孩子发出的信号，判断他是处在“开放式心态”还是“防御式心态”，这有助于你提供有针对性的帮助。

全脑教养第 11 法 THE WHOLE-BRAIN CHILD WORKBOOK
亲子互动：让家庭充满幸福感

当你和孩子都陷入过度“防御式心态”时，大笑、装傻、陪孩子玩是转变心态的一种简单办法。当然也要为孩子设立规则和边界，“玩耍式养育”和与家人相处的积极体验对孩子的生活、成长产生的影响比你想的大得多：

- 为孩子的人际交往做准备。
- 鼓励孩子与他人联结。
- 为孩子与他人相亲相爱提供正面强化示范。
- 当孩子处在一种和谐美好的家庭氛围中时，他大脑中会分泌出多巴胺，促使他想再次体验这些愉快时刻。
- 加固父母与子女之间的纽带。
- 改善兄弟姐妹间的关系。
- 帮助孩子转移负面情绪。
- 提高儿童的开放能力，降低防御能力。
- 减少争吵，鼓励合作。

成年人总是困在工作满满的日程中，做完一个就马不停蹄地开始下一个。正因为如此，通过玩耍或者搞怪来教孩子学会重要的生活技能这样的能力，需要我们下意识培养。我们做得越多，就越容易拥有这项能力。并且，当你变得有趣后，孩子更容易与你合作，这会帮我们节省大量的时间和精力。

图解全脑教养第 11 法 THE WHOLE-BRAIN CHILD WORKBOOK

避免命令和要求

亲子互动

思考玩耍的力量

想一想一天中哪些时刻特别容易与孩子发生权力斗争？在哪些地方需要你费尽心思才能让孩子配合？对于一些家庭来说，出门前做准备的时候，做作业的时候，吃饭的时候，以及上床睡觉的时候都是令人紧张而又沮丧的时候，甚至已经变成了令人最害怕的时刻。

在这样的时刻，采用玩耍的方法会非常有用。你会怎么扮傻或与孩子嬉闹来避免他大哭或大怒？在表 6-4 中，我们列举了一些典型的情况以及解决办法。然后，结合你家的实际情况，写出一些示例，并思考当你用不同的方式回应孩子的行为或者改变合作方式的时候，结果会有什么变化。

表 6-4　孩子哭闹时家长的典型反应及解决办法

场景	家长的典型反应	用扮傻或嬉闹的方式回应
儿子每天上学前都磨磨蹭蹭，我感觉自己一直在对他唠唠叨叨，就连最简单的事都如此。最后我们俩都很烦躁	唠叨； 把每天出门前要做的事写在白板上； 事事都要我亲力亲为； 看到孩子最后一刻冲回家拿忘记的作业、毛衣和午餐时我会非常恼怒	利用他喜欢的电子游戏，把早晨的准备工作当作闯关游戏，每完成一项相当于闯过一关，每过一关就唱歌、跳舞庆祝一下，孩子轻松，这也减轻了我的压力； 加快速度能打败上周保持的纪录吗？如果再增加一些任务呢
我的女儿对洗澡很抗拒。每次洗澡前她都会用很长时间来和我拉锯，为的就是可以不洗澡。我猜测原因可能出自她不想停下正在做的事情，因为她不是讨厌洗澡本身，真开始洗了后也很开心	我尝试过奖励、做交换、大声斥责、让她自己决定洗澡时间等方式； 我现在都能预料到每次洗澡前的挣扎，已经厌烦提醒她该洗澡了	用搞笑的语气提醒她该洗澡了，或者在洗澡过程中扮演她喜欢的卡通人物并全程用那个人物的语气说话； 设计一个宝藏地图，引导她去洗澡； 假装我是一匹小马让她骑在我的背上去浴室

续表

场景	家长的典型反应	用扮傻或嬉闹的方式回应

当我们在各种日程中“赶场”般地奔走时，我们往往会忽略一个事实：孩子也有自己的想法、性情，以及自己的事。我们当然需要教会孩子在群体中学会合作，学会跟随别人，以及站在团队一员的角度思考。但是，让孩子按照你的意愿做事，按照你要求的时间做事，你与孩子间的联结就断开了，耐心也消失了，这时你再教他们技能就不会有效率了。

当你觉得你跟孩子间马上就要爆发战争时，先注意自己的行为举止，给自己留有余地，如果能做出一个轻松愉悦的回应，就可以减少孩子的抵抗行为，同时加强亲子之间的联系。

家庭乐趣

除了家庭生活，我们忙于生计也是非常重要的。如果你在亲子时间中一直都在纠正或者“管理”孩子的行为，直到成功让他们上床睡觉，那么就请你停止这样做并问问自己：“这样下去，我们全家聚集在一起时能有多少快乐呢？”如果这个回答是“不怎么快乐”，你就要想想该怎样让自己享受与孩子共度的时光了。怎么做才能让“与孩子玩乐”变成你心中最优先的活动？思考这些问题，然后写下你的想法：

____

____

____

____

从孩子的角度想一想这个问题。孩子对家庭时光的感觉是什么样的呢？他们会说自己和家人在一起的时候感觉非常兴奋、快乐或兴趣盎然吗？他们对家庭生活感到兴奋吗？他们会认为紧张和争吵多于开心快乐吗？随着他们渐渐长大，他们会觉得即使没人完美，即使常常会吵架，但是当全家人在一起的时候还是会很开心幸福的吗？仔细思考这些问题，然后写下你的想法：

记住，家庭娱乐并不意味着举行隆重的大型活动，它可以是睡觉时依偎在一起，一起搭个堡垒，甚至一起开着老土的玩笑，这些都可以使你的家庭更加团结，也能培养孩子的人际交往能力。请列出一些能给家庭带来欢声笑语的活动。

既然你已经完成了，那么就花 1 分钟的时间看看你所列出来的这些家庭趣事吧。接下来，再好好想想还有哪些方法可以让你的家庭充满欢声笑语。例如，设立一个每周游戏之夜，在吃晚饭的时候给孩子讲述他喜欢的笑话，一起骑车出游，或者一起去看当地的马戏团表演。

全脑教养第 12 法 THE WHOLE-BRAIN CHILD WORKBOOK

共情力：站在他人的视角看待这个世界

孩子不能和其他人好好相处的话，他们几乎不会在人际交往中得到快乐。当孩子之间发生争吵或意见不一的时候，如果我们能把他们的这种矛盾看作是帮助他们更好地处理人际关系和培养第七感的一个机会，我们就不会感到很焦虑了。

在《全脑教养法》一书中，我们详细介绍了 3 个培养第七感的技巧。

1. 以他人的视角看世界：帮助孩子理解他人立场。
2. 倾听言外之意：教孩子理解非语言信息，真正听懂他人。
3. 修复关系：教孩子在发生冲突之后进行补救。

现在让我们想想如何将这些技巧转化为行动，帮助孩子平稳应对个人冲突，继而帮助他们健康茁壮地成长。

图解全脑教养第 12 法 THE WHOLE-BRAIN CHILD WORKBOOK

避免无视和否认

以他人的视角看世界

以他人的视角看世界

孩子经常和某个人生气，是因为他无法从他人的角度来看待人际交往中的问题。

因为这种能力不是与生俱来的，尤其对于孩子，所以循序渐进地练习对孩子来说会比较有用。

在孩子和其他家庭成员发生矛盾时，下面这个方法在第一次用时最容易实施，只要你有这个人的照片即可，任何人的都行。

这张照片最好是这个人的脸部特写，这样他的脸可以被放大到和真人的尺寸一样。你还需要准备一把剪刀或小刀，两根大约 30 厘米的纱线或绳子，还有透明胶带。

先把照片中脸部周围的部分剪掉，用剪刀把眼睛部分抠掉，这样你就能从眼睛的两个洞处往外看。把绳子的一端绑在照片的两侧，照片就像是一个面具，你可以把它绑在孩子的头上。

然后让孩子站在镜子前，他会发现自己很像那个和他产生矛盾的人，如他的朋友、姐妹、爸爸……同时他也在通过别人的眼睛看世界。这个练习可能看起来又傻又可笑，做起来也有点儿不熟练，但建议他还是好好地享受吧。

让他继续看着镜子中的自己，并想一想，在发生矛盾前后，这个人是怎么想的。

孩子做练习的时候，与孩子谈论和那个人之间的矛盾。孩子会感到这很傻，但是你要不断鼓励他。通过扮演孩子的角色，你可以引导对话，说出他当时想要说的话，帮他厘清当时的感受。这可以引导他开始从别人的角度来看待事物。如果你的孩子下次跟朋友生气时，你可以按照下面这个示例进行。

你（扮演孩子）：昨天我想和莱拉一起玩，但你说如果我不和你玩的话，你就不跟我做朋友了！

孩子（戴着面具，照着镜子，扮演另一个人）：你从来都不和我玩！不管怎样，你是我的朋友，不是她的！

你：我当然是你的朋友。即使我和其他人一起玩，我也是你的朋友。你说你不跟我做朋友时我害怕了。

孩子：好吧，我不是故意吓唬你的。我只是想让你和我一起玩。我猜我只是有点儿嫉妒。

你：如果我和莱拉一起玩，你会害怕我不再是你的朋友了吗？

孩子：是的，也许吧。我可能以为你更喜欢她，我也就不再把你当作好朋友了。

你：你一定很讨厌那种感觉。我敢肯定你特别生气，很害怕，同时又很担心！如果是我，我也很难保持冷静，想到什么就说什么，你也是这样吗？

孩子：是的……我只是想让你和我待在一起，所以我才说不跟你做朋友了。我知道这样说不是很好，但我不知道还能说什么。

最后，一旦你觉得孩子能够体会到别人的所思所想，你就可以停止角色扮演，然后进行归纳总结，如“佐薇并不是使坏也不是霸道，她就是嫉妒和害怕，对吧？这样想你是不是有些其他的想法了？”不要为了让练习顺利和完美而给自己压力。你只是想让孩子从不同的角度看问题。

倾听言外之意

遇到人际交往中的冲突时，除了让孩子学会从多个角度看待事物外，还必须能够理解对方的肢体语言、面部表情和说话的语气，它们有时比语言更能传达信息。孩子天生就不擅长理解那些没有被说出口的话，这就需要家长的帮助。有时我们只需要像下面这样对孩子提出问题就行。

爸爸：马特对这次失败有什么反应？

儿子：我刚和他谈过。他说他很好。

爸爸：再看看他，你真的相信他吗？他看起来像没事的样子吗？

儿子：也许不好吧。

爸爸：想再去和他打个招呼吗？

儿子：好的。

有时候，你需要做很多努力，还要告诉孩子人们会用不同的方式交流。这有几种简单的方法，在此之前你可以先写一下孩子对言外之意的理解水平：他擅长理解哪一类言外之意呢？导致他擅长理解这些但经常忽视另外一些的原因是什么？请写下你想到的答案。

做这样的深入思考会帮助你发现孩子在读懂他人言外之意方面擅长的部分，以及他还需要强化的部分。即使对于非常有社交头脑的孩子，有时也需要帮助他辨认社交中的真实情况。

“你划我猜”游戏

“你划我猜”是提升孩子共情力和第七感的一种方法。对于学龄前儿童来说，你可以用表情和动作来展示不同的情感，再让孩子猜那是什么情感。你也可以反过来让孩子进行展示：“当你高兴的时候，你的表情和动作是什么样的？生气的时候呢？”

到了孩子上学的年龄，你就可以告诉他，人们除了会通过言语表达情感外，还会通过很多其他方式来表达他们的情感。例如，假如一个小男孩输了一场很重要的足球比赛，他可能嘴上说没事，但是他下垂的肩膀、耷拉的脑袋、沮丧的表情都在表明他其实很不好。

用你家房子的照片，杂志上的图片或者相册，让孩子观察每个人的肢体语言和面部表情，猜测他们当时的心理感觉。你还可以利用电影或电视节目对这个游戏进行拓展，记得把声音关掉。哪怕在公共场合也可以玩这个游戏，只要你别靠太近，别让对方听见你在谈论他们。

我们曾在我们的心理治疗室中用过海报：将海报分成四等份，每份贴上不同的情绪标签。我们有各种各样使用海报的方式，例如，让孩子站在每个海报下表演上面写的情绪；也可以让孩子从杂志上剪下照片，然后将其粘在对应的盒子上；甚至可以画出他们在这些情绪下的面部表情。你可以把孩子的每种情绪拍下来，然后给照片贴上标签，组合成一本画册。有很多方法可以完成这个练习！要开动脑筋哦！

下一次当孩子和朋友发生矛盾时，或者对某个人的行为感到困惑时，带着他们做一遍这些游戏，找找看有没有什么被忽略的非语言信息，这些线索将帮助孩子解决他们遇到的问题。

学会修复关系

我们都知道道歉的重要性，也教孩子说“对不起”，但是孩子还需要知道，很多时候道歉只是一个开始，他们还需要用行动把做错了的事情纠正过来。当我们突破了孩子的防御心理，纠正了他们不愿意承担责任的想法的时候，我们可以帮助他们关心那些被他们伤害的人，并引导他们与之重新建立联系（见图 6-2）。

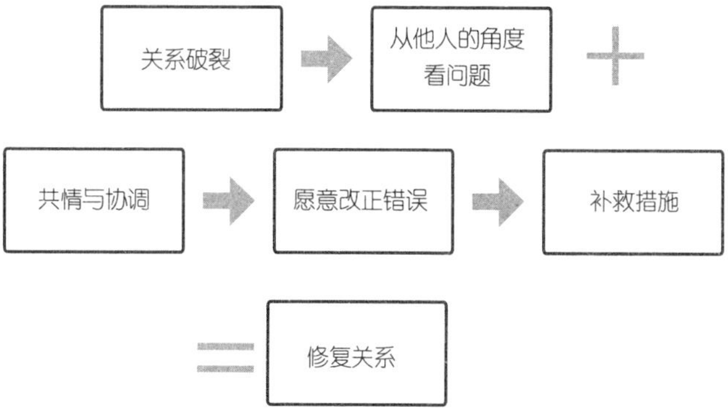

图 6-2 修复关系

我们来看看最近一次孩子和朋友或者兄弟姐妹之间发生的冲突吧。你是如何帮助孩子运用第七感，让孩子考虑他人感受的？有没有采取任何补救措施？如果有的话，是采用具体直接的回应如替换掉已经坏了的玩具，还是采用从他人感受出发的回应如给他人写封道歉信或做点儿好事？孩子在采取补救措施时有什么感受？如果不进行修复，对人际关系有什么影响呢？下次遇到同样的事，你的做法会有什么不同吗？请写下你的想法：

正如我们在本书中讨论的其他技能一样，在修复关系方面给孩子树立榜样比单纯的说教更有效。例如，在你大发雷霆、耐心耗尽并且说了一些不该说的话之后，真诚地向孩子道歉，孩子以后也会像我们这样做。身教大于言传！

THE WHOLE-BRAIN CHILD WORKBOOK

全脑儿童丨教孩子整合自我与他人

除了我们建议的练习外，我们还设计了下面的插图，你可以和孩子一起阅读，帮助孩子理解站在他人的角度看问题。

“我”与“我们”

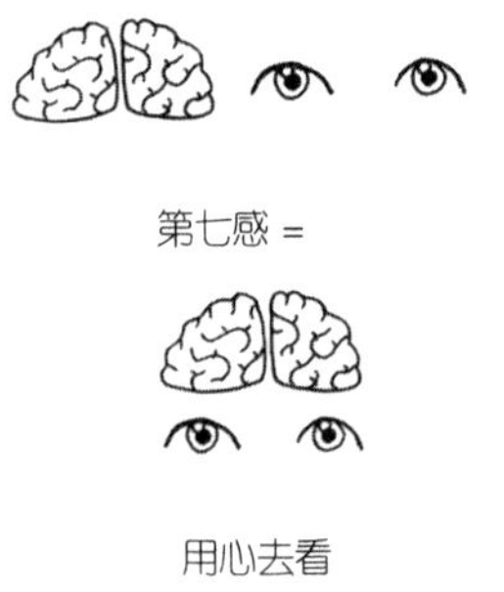

◆“视力”是用眼睛去看，“第七感”是用心去看，它有两层意思……

◆ 第七感的第一层意思是，向自己的内心深处看，看看那儿发生了什么。第七感让你关注头脑中的图像、想法以及体验到的情绪和身体感觉，使你更加了解自己。

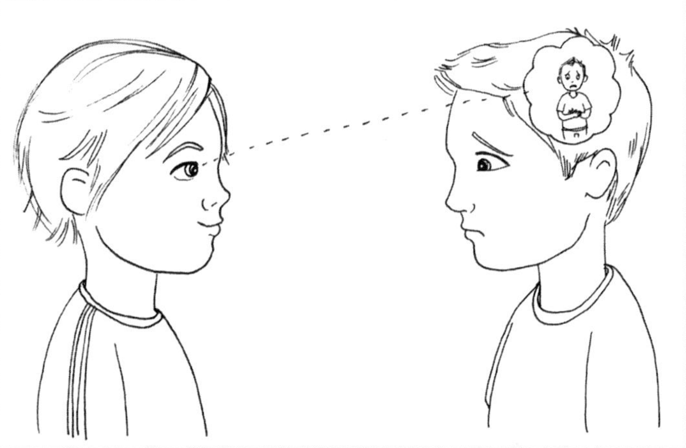

◆ 第七感的第二层意思是，了解他人的内心，尝试从他人的视角看待问题。

案例

◆ 德鲁告诉爸爸他和蒂姆吵架了，因为他们都想玩蒂姆的新水枪，尽管最终他们决定轮流玩，但是德鲁回到家后，仍然觉得很生气。

◆ 德鲁认为自己是客人，蒂姆应该让他玩新水枪。爸爸听完后表示理解，然后问德鲁："你觉得蒂姆为什么那么想玩那把新水枪呢？"

◆ 德鲁想了一会儿，说："因为这是他的新水枪，他还没玩过呢！"此时，德鲁用他的第七感来理解蒂姆的感受。他不生气了。

◆ 下一次对别人生气时，用第七感去了解别人的感受。特别是当你与别人争吵或感到被他们欺负了的时候，用第七感去看看他们可能是怎么想的、他们的感受如何，这会非常有帮助，能让你不再那么难受。

采取各种方法，竭尽全力培养孩子的第七感和共情力，这不仅是你给孩子最好的礼物，也是一份可以令他享受成功的人际关系的长期投资。

整合自我：为自己的人生赋予新意义

我们已经花了一些时间阅读和思考该如何提高孩子的人际社交能力，现在让我们把焦点转回到自己身上。我们如何理解自己与父母的关系，我们是否对孩子的需求保持敏感，这些都对亲子关系影响巨大，也决定了孩子的成长与发展。

这一切都归结为所谓的“生命叙事”，即我们是谁，以及我们如何成长为想要成为的那种人。每个人的生命叙事都反映了：

- 我们对过去的感觉。
- 我们对其他人（如父母）行为方式的理解。
- 我们对那些影响了我们成长的事件的认识。

正如我们在这本指南中所提到的，如果我们摒弃了“防御式”养育方式转而采用“开放式”养育方式，那么我们对孩子当下的需求回应会更及时、充分。“防御式”养育方式很大程度上来源于早年没有处理的创伤、未被满足的需求，以及从过去一直影响至今的信念，有时我们可能并未意识到它们的影响（见图 6-3）。

不过，值得庆幸的是，如果你反思自己的人生故事，重新梳理自己的成长经历和父母在人际关系方面的欠缺，你就能打破这个传递痛苦的循环。经历了痛苦的童年与成为一名不合格的父母之间并无必然联系。实际上，通过重新建立生命叙事，你完全有可能克服这些障碍甚至从中受益，将它们变成养育中的有力工具。如果你想更深入了解这个概念，请参考我和玛丽·哈策尔写的《由内而外的教养》一书。

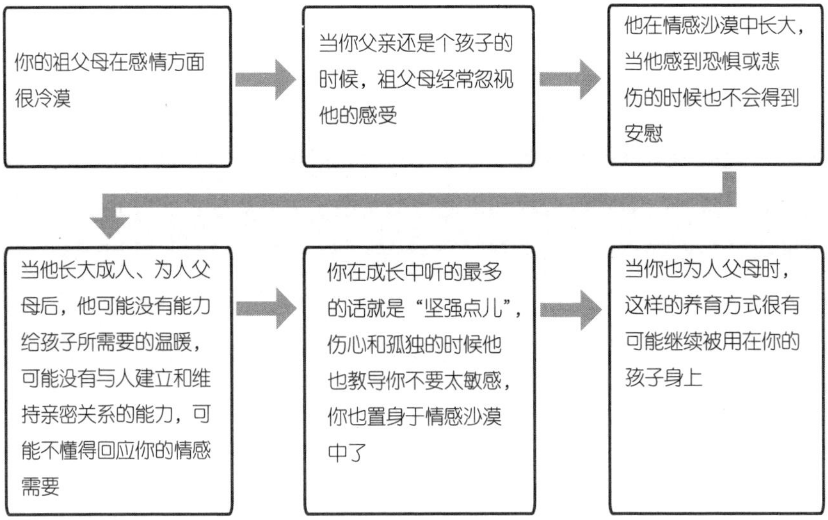

图 6-3　代代相传的防御式养育方式

理解你自己的人生故事

不管我们的童年如何，我们都会采取一些策略来帮助我们应对不同的生活经历。有时这些策略对我们有利：

> 为了应对混乱的童年，蒂姆变得非常有条理。成年后，这种技能帮助他成功管理好一家忙碌的公司。

然而，有时应对童年经历的某些策略也会限制我们：

蒂姆同样需要组织能力。当事情没有按计划进行时，运用组织能力能帮他缓解压力。混乱让他感到焦虑，无法调整自己的思维。为了避免这种情况，他会对每天的每个环节做过度计划，这让员工觉得他死板且僵化。

当你正式反思自己的童年经历以及与父母共同生活对你的影响时，不管这种影响是好还是坏，你相当于给了自己一个更深入、更有意义的了解自己的机会。因此，你将能够以孩子最需要的方式跟他们沟通，并为他们创造一种有利于社交、情感和智力成长的童年生活。

在指南的结尾，我们想给你一个反思自己童年的机会，回忆一下你是如何被养育的。在下面的空白处，写下你和父母之间的美好回忆。他们在让你感到被爱方面做了哪些正确的事？他们是如何给予你赖以生存的、始终如一的关爱的？想想他们是如何将注意力倾注在你身上的？你是怎样感到自己是被他们理解和接受的？他们做了什么可以让你毫无顾虑地表达自己？在这里写下你的想法：

现在想想你的父母本可以做得更好的地方。你觉得你在哪些方面没有得到他们的关注，什么时候得不到爱的回应，或者只有按照他们的方式才能被接受？请尽最大的努力坦诚地说出父母的问题。认识到父母可能让你失望的地方并不意味着说他们的坏话。你要做的是点亮那些代表自身和个人生活的标签、念头和印象的意识之光。尽管你可能没有完全意识它们的存在，但它们对你的影响却存在。把你的回忆和想法写在这里：

最后，你要尽最大努力了解父母出现这些问题的原因。为什么你的父母没有给予你需要的情感和关怀？是因为他们忙于工作、照顾其他孩子，还是深受疾病困扰？是他们自己也曾受到伤害吗？是他们缺乏养育知识或工具吗？

这不是在为他们的行为寻找借口，更不是让你借此批评他们。当你思考和记录时，尽量只观察你所注意到的东西。你可能会出现情绪波动，想要平复心绪，这都没什么。但就目前而言，尽可能多地观察你对父母的看法，不要做出评判。你只是在试图理解并解释你的父母是什么样的人，以及他们为什么会这样养育你。

完成这项练习或者说看完本书，对你将是一个新的开始：那些触动你的记忆和未被处理的情感，将不再对现在的你和孩子产生影响。一旦能做到这一点，你就离摆脱记忆的负担更近了一步，也就能成为你真正想成为的父母——孩子需要的父母。

我们想竭力澄清一点：童年经历不等于命运。通过理解自己的过去，你可以把自己从世代遗传的痛苦和不安全型依恋的命运中解救出来，为孩子创造可代代传递的细腻的关爱，令他们享受安全、安心、被关注、被抚慰的亲子关系。

我们所经历的一切，孩子也会经历。当你意识到这一点，你就拥有了强大的洞察力，它会持续激励我们理解自我和他人，不管是快乐的事还是痛苦的事。由此，根据孩子的需求和释放出的信号调整养育方式，创造安全型依恋关系和强大、健康的亲子联结就成为可能。

The Whole-Brain Child Workbook

结语

将一切整合

如果能考虑到全脑教养法的代际影响，你就更加了不起了。你是否意识到，现在的你有能力对未来产生积极的影响？通过赋予孩子运用“全脑”的能力，你影响的不只是孩子的生活，还包括那些与他们互动的人的生活。

——《全脑教养法》

我们想用最后一个想象练习来结束这本指南，我们希望它能激励你继续朝着有意识的整合之路前进。

现在花点儿时间，闭上眼睛，想象孩子已长大成人。想象尽可能多的具体的细节，如脸型、身材、发色、眼睛……

现在想象他抱着你的孙子。他会成为什么样的父母？温柔耐心的？尊重孩子的？总是对孩子宽容的？换言之，你想为孩子树立什么样的榜样，按照你为人父母的方式你对他有什么期望？现在就写吧。

____

____

____

____

这样做不是为了给你施加压力，而是为了指出，你正在努力成为一个有自我意识、能够联结他人的家长，这是件令人兴奋的事。通过审视自己的养育方式，思考怎样才能最好地养育自己的孩子，你为未来的孙辈准备了一份重要的礼物——促进自己孩子的整合。你会先联结、再引导。你引导他们说出恐惧，这样他们就能驯服恐惧。你告诉他们如何保持专注，这样他们就能控制自己的情绪和行为。通过做这些，你给未来的子孙留下了一份影响深远的遗产。

但让我们再说一遍：没人是完美的。当我们养育自己的孩子时，我们也不是。我们的任务不是避免犯错误，也不是保护孩子不受伤害。我们的工作是与孩子保持沟通，和他们一起度过困难时期。正如我们在《全脑教养法》一书中所说："全脑教养法的美妙之处就在于，它让你明白即使是错误，这也是成长和学习的机会。"这种方式要求我们对自己的行为和目标保持主动，同时接受我们只是普通人这一事实。我们的目标是有意识和专注，而不是僵硬、严厉的完美主义。

所以，不要给自己太大的压力。享受和孩子之间的欢乐，当和孩子发生冲突时，也要愿意道歉和修复关系。请记住，即使处于仅仅想要让孩子上床睡觉的"生存时刻"，你也可以利用与孩子的互动来帮助他们茁壮成长，帮助他们更快乐、更健康、更充实。这不仅是给孩子和家人的礼物，也是给整个世界的礼物。

带着这些理想，我们想给你最后的发言权。选择 1 ～ 2 件你现在想做的事情，让你在养育孩子时更有目的性。或者翻阅一下指南，看看你对我们所问问题的答案。根据你所看到的，写下你现在可以采取的几个步骤。成为你想成为的那种父母，不仅是为孩子，也是为你自己。

致 谢

首先，感谢所有喜爱《全脑教养法》并将其融入家庭和职业生活的人，我们最初并没有打算为《全脑教养法》编写配套的指南。但是，许多读者联系我们，询问如何更深入地理解《全脑教养法》的概念，并将其作为工具应用到小组学习、读书会或家庭教育课程中，因此我们撰写了这本指南。所以，谢谢你们的请求，也谢谢你们接纳《全脑教养法》。

其次，感谢在办公室和我们共同合作的学生、同事、家长和孩子们，感谢他们帮助完善这些理论，并找到方法将理论和科学转化为实践。你们分享的故事和提出的问题让我们对我们所热爱的理念有了更深入的理解。

再次，感谢专业教育系统研究所(Professional Education Systems Institute，PESI)在整个出版过程中给予的支持。特别感谢出版人琳达·杰克逊（Linda Jackson）。她从一开始就展现了她的热情，她反应迅速、专业，提供我们需要的一切，和她一起工作我们感到很愉快。

最后，我们要感谢吉娜·奥舍（Gina Osher），本书的出版离不开她的贡献。她的创造力和洞察力对我们来说是无价的，她对《全脑教养法实战指南》的出版功不可没。

我们希望这本书能为父母和其他养育者提供更多的机会，与他们深爱的孩子互动，帮助孩子成长为更快乐、更健康、更丰盈的个人。

丹尼尔和蒂娜

未来，属于终身学习者

我们正在亲历前所未有的变革——互联网改变了信息传递的方式，指数级技术快速发展并颠覆商业世界，人工智能正在侵占越来越多的人类领地。

面对这些变化，我们需要问自己：未来需要什么样的人才？

答案是，成为终身学习者。终身学习意味着具备全面的知识结构、强大的逻辑思考能力和敏锐的感知力。这是一套能够在不断变化中随时重建、更新认知体系的能力。阅读，无疑是帮助我们整合这些能力的最佳途径。

在充满不确定性的时代，答案并不总是简单地出现在书本之中。“读万卷书”不仅要亲自阅读、广泛阅读，也需要我们深入探索好书的内部世界，让知识不再局限于书本之中。

湛庐阅读 App：与最聪明的人共同进化

我们现在推出全新的湛庐阅读 App，它将成为您在书本之外，践行终身学习的场所。

- 不用考虑“读什么”。这里汇集了湛庐所有纸质书、电子书、有声书和各种阅读服务。
- 可以学习“怎么读”。我们提供包括课程、精读班和讲书在内的全方位阅读解决方案。
- 谁来领读？您能最先了解到作者、译者、专家等大咖的前沿洞见，他们是高质量思想的源泉。
- 与谁共读？您将加入优秀的读者和终身学习者的行列，他们对阅读和学习具有持久的热情和源源不断的动力。

在湛庐阅读 App 首页，编辑为您精选了经典书目和优质音视频内容，每天早、中、晚更新，满足您不间断的阅读需求。

【特别专题】【主题书单】【人物特写】等原创专栏，提供专业、深度的解读和选书参考，回应社会议题，是您了解湛庐近千位重要作者思想的独家渠道。

在每本图书的详情页，您将通过深度导读栏目【专家视点】【深度访谈】和【书评】读懂、读透一本好书。

通过这个不设限的学习平台，您在任何时间、任何地点都能获得有价值的思想，并通过阅读实现终身学习。我们邀您共建一个与最聪明的人共同进化的社区，使其成为先进思想交汇的聚集地，这正是我们的使命和价值所在。

THE WHOLE-BRAIN CHILD WORKBOOK: PRACTICAL EXERCISES, WORKSHEETS AND ACTIVITIES TO NURTURE DEVELOPING MINDS BY DANIEL J. SIEGEL, M.D. AND TINA PAYNE BRYSON, PH.D.

浙江省版权局图字：11-2023-290

图书在版编目（CIP）数据

全脑教养法实战指南 /（美）丹尼尔·西格尔，（美）蒂娜·佩恩·布赖森著；邢子凯译．— 杭州：浙江科学技术出版社，2023.11
ISBN 978-7-5739-0883-4

Ⅰ．①全…　Ⅱ．①丹…②蒂…③邢…　Ⅲ．①智力开发—儿童教育—家庭教育—指南　Ⅳ．① G782-62

中国国家版本馆 CIP 数据核字（2023）第 178748 号

书　　名　全脑教养法实战指南
著　　者　[美] 丹尼尔·西格尔　[美] 蒂娜·佩恩·布赖森
译　　者　邢子凯

出版发行　浙江科学技术出版社
地址：杭州市体育场路 347 号　邮政编码：310006
办公室电话：0571-85176593
销售部电话：0571-85062597
E-mail:zkpress@zkpress.com
印　　刷　天津中印联印务有限公司

开　　本	710 mm×965 mm　1/16	**印　　张**	12.5
字　　数	138 千字		
版　　次	2023 年 11 月第 1 版	**印　　次**	2023 年 11 月第 1 次印刷
书　　号	ISBN 978-7-5739-0883-4	**定　　价**	72.90 元

责任编辑	陈淑阳	**责任美编**	金　晖
责任校对	张　宁	**责任印务**	田　文